»Im Mittelpunkt die Autoren«

Zehn Jahre Schöffling & Co.

Chronik & Bibliographie

1994–2004

Erste Auflage 2004

Satz & Lithographie: Reinhard Amann, Aichstetten
Druck & Bindung: Pustet, Regensburg
ISBN 3-89561-899-3

www.schoeffling.de

Inhalt

»Im Mittelpunkt die Autoren«

steht seit zehn Jahren als Motto über unserer Verlagsarbeit, schon in der Gründungsmeldung hieß es: »Wir brauchen auch weiterhin den überschaubaren literarischen Verlag, für den die Autoren und ihre Werke im Mittelpunkt stehen.« Von »einem Märchen in diesen grauen Tagen« schrieb DER SPIEGEL 1994 zur Verlagsgründung – aus dem »Märchen« wurde innerhalb der letzten zehn Jahre einer der wenigen unabhängigen literarischen Verlage, die in einer sich zunehmend konzentrierenden Verlagslandschaft bestehen und konsequent ihre Arbeit nach den Autoren ausrichten.

Dabei ist es geblieben, dabei wird es bleiben: Beharrlichkeit, Kontinuität und Konsequenz in der Arbeit, Überschaubarkeit in der Anzahl der verlegten Bücher: Im Mittelpunkt die Autoren.

Im Mittelpunkt die Autoren dokumentiert die ersten zehn Jahre des Verlages: der Chronikteil berichtet über Autoren, Bücher, Literaturpreise und Auszeichnungen, über Wirkung und internationale Karrieren, Zustimmung und Verriß, Auftritte und Debuts, Wiederentdeckungen und Werkausgaben.
Die Bibliographie dokumentiert die Bücher: Erstausgaben, Nachauflagen, Lizenzausgaben, Übersetzungen, Tonträger.

Im zehnten Jahr seines Bestehens ist Schöffling & Co. aus der literarischen Landschaft nicht wegzudenken. Der Verlag wird so bleiben, in seiner Ausrichtung, in seinem Festhalten an Qualität, in seiner Beharrlichkeit, in seiner Dimension. In zehn Jahren wurde der Verlag – nicht zuletzt durch vielfältige Unterstützung und Begleitung durch Buchhandel und Kritik – zu einer der ersten Adressen unter den literarischen Verlagen, ein Verlag, der Jahr um Jahr neue Autoren vorstellt und mit ihren Werken zu großer Wirkung bringt.

Klaus Schöffling

Schöffling & Co. 1994–2004

Chronik

1994

Nach der von den Autoren nachdrücklich unterstützten Überlegung zur Fortsetzung der verlegerischen Zusammenarbeit entscheiden sich Ida und Klaus Schöffling zur Gründung von Schöffling & Co. am 30. November 1993. Gesellschafter des Verlages sind Klaus Schöffling und Eva Demski. Der Verlag setzt die Arbeit der von Klaus Schöffling, Ida Schöffling und Ulrich Sonnenberg gegründeten Frankfurter Verlagsanstalt fort, die im Oktober 1992 gegen den Willen der Autoren von einem inhaltlich unbeteiligten Gesellschafter übernommen wurde. Der Zürcher *Tages-Anzeiger* nannte den Vorgang: »... Methoden, die sonst in der Grauzone der Wirtschaftskriminalität anzutreffen sind.« Sämtliche deutschsprachigen Autoren der Frankfurter Verlagsanstalt erklärten, künftig diesem Verlag unter dieser Leitung und Inhaberschaft nicht mehr angehören zu wollen.
Die Autoren fordern Klaus Schöffling auf, in vertretbarer Zeit einen neuen Verlag zu gründen, dem sie ihre kommenden Werke anvertrauen wollen. Der Wunsch der Autoren wird wohlbedacht, dennoch zügig umgesetzt.

Burkhard Spinnen erinnert sich in seiner Rede *Das Selbstverständliche* 2004: »Es war jedenfalls selbstverständlich, daß er weitermachte. Als wir damals, über zehn Jahre ist es jetzt her, in Reinhard Kaisers Haus an der Wilhelmshöhe saßen, da kam ausgerechnet ich, der unsportliche Wehrdienstverweigerer, mir ein einziges Mal in meinem Leben vor wie einer aus diesen meist etwas martialischen amerikanischen Filmen, in denen inmitten einer vollkommen aussichtslosen Situation ein paar ›richtige Kerle‹ (und Kerlinnen!) ganz selbstverständlich beschließen: Wir machen weiter! Und zwar jetzt erst recht. In diesen Filmen geht das in der Regel gut aus. Ein paar bleiben zwar auf der Strecke; und immer sind es die, die doch ein bißchen gezaudert haben. Aber die meisten kommen zum Staunen des Publikums glücklich heraus aus dem Schlamassel und womöglich noch weiter und höher hinauf.

Aber das sind Filme. Die Wirklichkeit ist anders. Vor allem ist sie weniger selbstverständlich. Das wußten ich und andere damals auch. Und wir hätten den Wilhelmshöher Rütlischwur vielleicht nicht getan, wären wir nicht so vollkommen sicher gewesen, daß Klaus Schöffling und sein Team selbstverständlich alles in ihrer Macht Stehende tun würden, um das Projekt *Schöffling & Co.* zu einem Erfolg zu machen. Gut, haben wir da gesagt. Da machen wir mit. Selbstverständlich. Aber es ist nun einmal so: Immer muß einer Selbstverständlichkeit eine andere vorausgehen!«

Aus der Pressemitteilung zur Gründung von Schöffling & Co.: »Wir brauchen auch weiterhin den überschaubaren literarischen Verlag, der für seine Autoren arbeitet und für den die Autoren und ihre Werke im Mittelpunkt stehen.«

Mai
So wünscht sich Eva Demski ihren Verlag: »… klein + glanzvoll, bescheiden + hochmütig, biestig + charmant …«

Juni
Helga M. Novak überträgt sämtliche Rechte an ihrem bisherigen wie dem kommenden Werk auf Schöffling & Co.; der Verlag plant Neuausgaben der Prosa, der autobiographischen Bücher und der Gedichte.

August
Das erste Programm erscheint: neue Bücher von Burkhard Spinnen (*Kalte Ente*), Eva Demski (*Land & Leute*), Klaus Modick (*Der Flügel*), das Lyrikdebut von Jennifer Poehler (*Türkises Alphabet*), die große Elizabeth von Arnim-Biographie von Karen Usborne und – nach einjähriger Pause – eine neue Ausgabe *Von Büchern & Menschen*.
Martin Krumbholz schreibt in der *Süddeutschen Zeitung* über *Land & Leute* von Eva Demski: »Bisweilen, besonders bei den Reisebildern, scheint Eva Demski zum Aquarellieren zu neigen, zum melancholischen Mischen der Töne, Farben, Stimmungen. In Wahrheit sind alle Texte sorgsam kontrolliert, mit hellwachem

Paulus Böhmer

Isabel Bolton

Elizabeth Bowen

Kunstverstand geschrieben und mit einer nie verleugneten Leidenschaft für ihre Objekte.«
Burkhard Spinnens zweiter Geschichtenband wird zum Ereignis: »Spinnens Sprache ist schlank und klar, sein Tonfall unverwechselbar. Selten liest man zurzeit auf deutsch so einfache, dabei rhythmisch so abwechslungsreich gebaute Sätze, selten hört man einen so prägnanten, in seiner umgangssprachlichen Färbung so zeitnah wirkenden Dialog. Wer es bisher nicht für möglich gehalten hat, daß sich auch außerhalb der angelsächsischen Literatur neuer Lesestoff findet, der unterhaltsam und auf eine unaufdringliche Art klug erzählt ist, dem sei Burkhard Spinnens Erzählband *Kalte Ente* empfohlen«, schreibt Gunhild Kübler in der *Neuen Zürcher Zeitung*; Klaus Modicks Roman wird im *Literarischen Quartett* vorgestellt, Sigrid Löffler erkennt »... eine unglaublich spannend erzählte Geschichte«, Volker Hage gesteht im *Deutschland Radio*: »... ich habe Seite für Seite verschlungen«. Die Bücher von Burkhard Spinnen, Klaus Modick und Karen Usborne erreichen in kurzer Zeit weitere Auflagen.
Auf der *Bestenliste* des Südwestfunks: Klaus Modick, *Der Flügel*.

September
Verleihung des *Gerrit-Engelke-Preises* der Stadt Hannover an Helga M. Novak.

Oktober
Helga M. Novak wird mit der *Ehrengabe der Deutschen Schillerstiftung* Weimar ausgezeichnet.

November
Verleihung des *Literatur-Stipendiums der Märkischen Kulturkonferenz* an Reinhard Kaiser.

1995

Im Frühjahrsprogramm der Roman *Eos' Gelüst* von Reinhard Kaiser, der die *Frankfurter Allgemeine Zeitung* begeistert: »*Eos' Gelüst* bestätigt auf das Erfreulichste: Reinhard Kaiser besitzt den in Deutschland geradezu tollkühnen Mut, seine Leser unterhalten zu wollen«, neue Erzählungen von Jochen Schimmang (*Königswege*): »Urbanität, die der Vielfalt des Lebens mit freundlicher Aufgeschlossenheit begegnet, ist ein Kennzeichen dieser einnehmend erzählten Geschichten, deren Lektüre fast wieder daran glauben läßt, daß man auch heutzutage noch glücklich werden könnte«, so Helmut Kiesel in der *Frankfurter Allgemeinen Zeitung*. Michael Schulte kommt mit dem Roman *Unbekannt verzogen* in den Verlag. Start der Reihe literarischer Reisebegleiter mit drei Bänden: *Am Mittelmeer* von Virginia Woolf, *Very British!* von Elsemarie Maletzke und *Wiener Geschichten* von Peter Altenberg, herausgegeben von Burkhard Spinnen. Das Altenberg-Buch, von dem bis heute vier Auflagen vorliegen, begründet eine Altenberg-Renaissance.

Im Zentrum des Herbstprogramms stehen die Romane *Langer Samstag* von Burkhard Spinnen und *Brabant* von Hans Pleschinski. Die Literaturkritik ist sich einig: »Burkhard Spinnen setzt einen neuen Maßstab. Er hat über kleine Dinge einen großen Roman geschrieben« (*Frankfurter Allgemeine Zeitung*), »... ein unterhaltsamer, bestens geschriebener und dabei blitzgescheiter Roman« (Martin Lüdke, *Frankfurter Rundschau*), »Blicke auf das ganz gewöhnliche Leben können in Burkhard Spinnens glasklarer Sprache zu atemberaubenden Offenbarungen werden« (Holger Schlodder, NDR).

»Hans Pleschinski ist ein ›Roman zur See‹ von praller Saftigkeit gelungen, eine Mischung aus Abenteuer, Philosophie, handfest aufregendem Drama und psychologisch einleuchtendem Fundament, geschildert in reich fabulierender Sprache, deftig oder zart, zupackend oder distanziert. Die Dialoge fesseln durch Dichte, Selbstbetrachtungen der Personen durch Einfühlungsvermögen, Schilderungen

Eva Demski

Brigitte Doppagne

Jennifer Egan

der Handlungsorte durch Sachkenntnis« (Dieter Aulerich, *Hamburger Abendblatt*).
Es erscheint der erste Band der Neuedition der Werke von Helga M. Novak: *Aufenthalt in einem irren Haus. Gesammelte Prosa*, darin bislang ungedruckte Prosastücke; weiter Prosa von Andrea Simmen *Vielleicht heißt er Paul* und neue Gedichte von Lioba Happel, *Der Schlaf überm Eis*: »Von Lioba Happel ließe sich unter anderem lernen, daß Könnerschaft und Tiefe ein sehr schönes Paar sein können und daß Ironie und Pathos einander mitnichten ausschließen« (Heinrich Detering, *Frankfurter Allgemeine Zeitung*).
Die Reihe der literarischen Reisebegleiter wird fortgesetzt, es erscheinen das Buch über Lesbos und Sappho *Das Meer hört zu mit tausend Ohren* von Eva Demski: »Eva Demski spricht von der ›Kühle und Frische der sapphischen Sprache‹, und ihre eigenen Übersetzungen der Fragmente dieser ›zehnten Muse‹, die sie in ihr Buch einstreut, treffen sehr genau die originale Einfachheit, in der sich das Geheimnis höchster Kunst verbirgt. Auch der Insel wird Eva Demskis Schilderung auf bewundernswerte Weise gerecht« (Albert von Schirnding, *Süddeutsche Zeitung*), die Neuausgabe der *See-Stücke* von Fritz Rudolf Fries unter dem Titel *An der Ostsee* und Max Frischs *In Amerika*, herausgegeben von Volker Hage.
Erstmals und von nun an in jedem Jahr erscheint der *Literarische Katzenkalender*, herausgegeben von Julia Bachstein: »Mal tiefsinnig, mal witzig, nie verkatert, immer katzenklug« (Rolf Michaelis, *Die Zeit*).

Von Büchern & Menschen, das aus juristischen Gründen in diesem Jahr unter dem Titel *Von Büchern & Lesern* erscheinen muß, bietet zum zweiten Mal die *Bestenliste der Kritiker*, ausgewählt von Autoren.

Dezember
Die Kritiker der *Bestenliste* des Südwestfunks setzen Burkhard Spinnens Roman *Langer Samstag* auf Platz 2.
Hans Pleschinski wird mit dem *Tukan Preis* der Landeshauptstadt München für *Brabant* ausgezeichnet.
Ein seltenes Ereignis: Helga M. Novak liest im Literaturhaus Hamburg.

1996

Januar
Langer Samstag von Burkhard Spinnen steht auf Platz 1 der *Bestenliste* des Südwestfunks.

Februar
Der Verlag zieht ins Zentrum von Frankfurt am Main, bis zum Frühjahr 2001 lautet die Adresse Liebfrauenstraße 1–3.

Im Frühjahrsprogramm der kontrovers diskutierte Debutroman *Die Schickse* von Dominique Valentin, übersetzt von Eva Moldenhauer: »Ein souverän, humorvoll, effektsicher, analytisch und gnadenlos erzählter Befreiungsschlag ... von lustvoller Brillanz« (Barbara von Becker, *Süddeutsche Zeitung*), »Die Schickse überprüft die Möglichkeiten des Zusammenlebens zwischen Juden und Nichtjuden nach dem Holocaust, die beiderseitige Fähigkeit, den anderen als anderen zu akzeptieren. Die Schickse hat verstanden, warum sie von dieser jüdischen Mutter gehaßt wurde und sie hat es akzeptiert; aber die Schickse ist auch ein Bekenntnis zur Liebe zwischen einem Juden und einer Nichtjüdin« (Karin Alles, *Titel, Thesen, Temperamente*).
Die Reihe der literarischen Reisebegleiter wird fortgesetzt und in der *Frankfurter Allgemeinen Zeitung* begrüßt: »Die sorgfältig ausgesuchten Texte und die geschmackvolle Ausstattung haben die Reihe zu einer der interessantesten und bestimmt zur schönsten auf dem bunten Markt der Reisebücher gemacht.«
Es erscheinen u. a. *Venedig – Salon der Welt* von Eva Demski (»Ich wüßte nicht, wie die kalkulierte Ausgewogenheit und Differenziertheit dieses Schreibens übertroffen werden könnten, die Behutsamkeit der sprachlichen Annäherung an Geheimnis und Zauber der Stadt, die Intonation der erfahrenen Stimmungen, die nie in eine fatale Gefühligkeit geschwätzigen Schwärmens abrutscht. Wer noch die Ruhe und Konzentration aufbringt, die Nuancen aufzuspüren, die in den

Franziska Gerstenberg

Martin Gülich

Bettina Gundermann

ebenso kunstvoll wie ungekünstelt-locker gefügten Satzpassagen gehortet sind, für den gibt es hier viel zu entdecken und auszukosten« (Karl Otto Conrady, *Radio Bremen*), *Pariser Passagen* von Hans Scherer (»Sein ebenso lässiger wie präziser Stil verschafft ihm unter den Reiseschriftstellern deutscher Zunge eine gewisse Einsamkeit«, *Hans Magnus Enzensberger*) und *England, mein England* von Peter Sager (»Hier informiert ein Unterhaltungskünstler«, *Frankfurter Rundschau*).
Eine Entdeckung aus England: Robert Barnard und sein Roman *Emilys Erbe*, »Alle siebzehn Kapitel sind Kabinettstückchen, enthalten hinreichend schrulliges Personal, ätzende Beobachtungen und explizite Witze« (Katharina Rutschky, *Der Tagesspiegel*).

August
Trost und Reserve, das neue Prosabuch von Burkhard Spinnen, begeistert die Kritik: »... ein kleines Wunder, ein Wunder an Erfindungsreichtum. Nicht weniger als neunundfünfzig Kleinst-Novellen von jeweils nur ein bis drei Seiten hat Spinnen hier versammelt, und jede einzelne hätte die Kraft, als Exposition oder gar Kern eines ganzen Buches zu dienen! Das zweite Wunder des Buches ist seine Sprache. Die ist so kalkuliert und scharf und auf das Wesentliche reduziert, daß man an Kleists Anekdoten aus den *Berliner Abendblättern* denken muß« (Bernd Rauschenbach, *Norddeutscher Rundfunk*).
Das Ereignis des Herbstes ist Reinhard Kaisers Buch *Königskinder*: »So ist ein

Nikolaus Heidelbach

Klaus Hensel

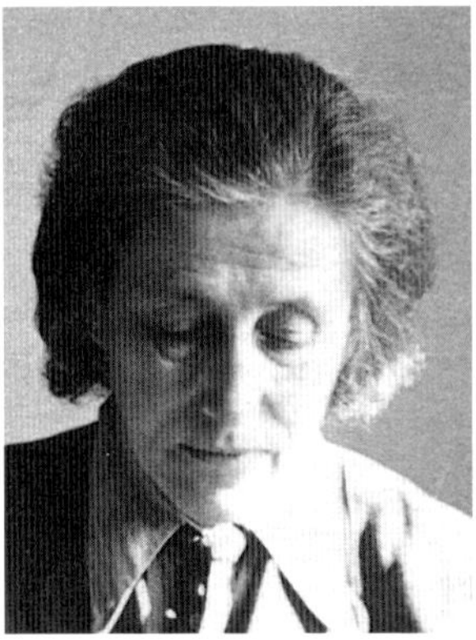

Helene Holzman

tieftrauriges und sehr berührendes Buch entstanden, auch ein eminent literarisches Werk, denn Kaisers Rekonstruktion arbeitet mit allen Finessen der Montage von Schrift und Bild«, so Andreas Platthaus in der *Frankfurter Allgemeinen Zeitung*, und Klaus Bednarz in der ARD: »Ich habe heute mit einer Kollegin, die das Buch auch gelesen hat, gesprochen, und sie hat mir gesagt: ›Als ich das Buch weggelegt habe, hatte ich das gleiche Gefühl wie damals, als ich zum erstenmal das Tagebuch der Anne Frank gelesen habe‹ – und ich muß sagen: Mir ist es genauso ergangen. Reinhard Kaiser, danke für dieses Buch.« Das Buch wird auch international ein Erfolg, Übersetzungen erscheinen in Schweden, Frankreich, Italien, Japan, Dänemark, Griechenland, Taiwan, Korea und in den USA.

Mit farbigen Bildern von Hans Traxler erscheinen sämtliche Folgen von *Das verspeiste Buch* von Franz Hohler in einem Band, die »Fortsetzungsgeschichte« erschien über mehrere Jahre in *Von Büchern & Menschen*, »... ein modernes Märchen« (*Tagesanzeiger Zürich*).

In der Übersetzung von Susanne Lange erscheint ein großer Roman aus Irland, Robert McLiam Wilson, *Ripley Bogle*: »Die prekäre Mischung aus überbordendem Selbstbewußtsein und Underdog-Mentalität macht den Anti-Helden Ripley Bogle zum Symbol Irlands« (Meike Fessmann, *Süddeutsche Zeitung*); Irisches auch unter den Reisebüchern: Elsemarie Maletzke, *Irish Times* und John M. Synge, *In Wicklow, West Kerry & Connemara*: »... ein einzigartiges Dokument einer untergehenden Kultur« (H. G. Pflaum, *Radio Bremen*).

Aus London kommt Kathrin Scheel in den Verlag, sie verantwortet die weltweite Wirkung der Bücher der Autoren des Verlages.

Oktober
Burkhard Spinnen wird mit dem *Kranichsteiner Literaturpreis* des Deutschen Literaturfonds ausgezeichnet.

und während das Döschen nun von Hand zu Hand ging und man ihm kleine Proben entnahm, es auch prüfend an die Nase hielt, sagte der Händler, sollte jemand daran Gefallen finden, er habe noch mehr davon, 50 Centimes das Stück, und er nehme selbstverständlich auch Pfennige, so nahe der deutschen Grenze.

Das Döschen und der unglaubliche Beweis seiner Wirksamkeit im Gesicht des Lombarden hatten den Erfolg, daß dieser sofort drei Stück davon verkaufen konnte, worauf er sich gleich noch einen Halben vom Elsässischen kommen ließ, denn der Liter kostete 1.50.

»Platz da die Herrschaften für die Spezialität des Hauses!« rief der dicke Kellner, und wäre dieser Satz im letzten Jahrhundert nicht nur gesprochen, sondern auch geschrieben worden, hätte man das Wort, für welches da Platz verlangt wurde, zweifelsohne mit c geschrieben, Specialität.

Und die Specialität, die neben dem Schüblig in einer eigenen Schüssel aufgetragen wurde, einer zugedeckten Schüssel notabene, war wirklich derart speciell,

- 30 -

Franz Hohler, Das verspeiste Buch

1997

März
Spinnen is coming home: Der Verlag übernimmt Rechte und Bestände des Debuts von Burkhard Spinnen *Dicker Mann im Meer* – das literarische Werk ist am richtigen Ort versammelt.
Es erscheinen neue Romane von Jochen Schimmang (*Ein kurzes Buch über die Liebe*): »Schimmang erzählt seine Geschichte risikoreich, er traut sich, männliches Leid an der Liebe zu empfinden, wie wir es seit Goethes Werther nicht mehr gelesen haben«, so Annemarie Stoltenberg in der *Welt* und Klaus Modick (*Der Mann im Mast*); Sabine Riedels *Ende der Ausgangssperre. Sarajevo nach dem Krieg* und Christine Sutherlands Biographie der Monica de Wichfeld *Monica. Eine Frau im Widerstand gegen die deutsche Besatzung*. Die literarischen Reisebücher bringen zwei deutsche Erstausgaben: Vita Sackville-West/Harold Nicolson, *Sissinghurst. Portrait eines Gartens*, herausgegeben von Julia Bachstein, und Edith Wharton, *Frankreichfahrt*, mit einem Essay von Julian Barnes. Daneben die Fortsetzung der Altenberg-Edition von Burkhard Spinnen *Sommerabend in Gmunden*, schließlich *Sardinien. Ein Land der Kindheit* von Elio Vittorini.

Juni
Eva Demski hat einen Wunsch: »Wenn Du *wirklich* ein guter Verleger sein willst – mach bitte anderes Wetter!«

August
Große Romane im Herbstprogramm: Eva Demski, *Das Narrenhaus*: »... muß gelobt werden, weil es ein Stück Gegenwart in die größere Perspektive des Gesellschaftsromans stellt, in den festen Rahmen der Fernsehwelt. Von seinem Helden kann man wie von der alten Helene sagen: ›Er ist alt.‹ Selten ist das, was einen Sechzigjährigen bewegt, in seinem Schwank zwischen Genußstreben und Altersangst so genau geschildert worden wie in diesem ›Narrenhaus‹« (Werner Ross,

Frankfurter Allgemeine Zeitung); »In Romanen erster Klasse muß man sich verlieren können, ohne verloren zu gehen – Eva Demski hat einen geschrieben« (Stephan Opitz, *Die Woche*).
Sebastian Faulks, *Gesang vom großen Feuer*: »Die Schilderungen des Kriegsgeschehens gehören zu den eindrücklichsten Passagen des Romans« (Annette Pehnt, *Frankfurter Allgemeine Zeitung*).
Nach langer Zeit das neue Gedichtbuch von Helga M. Novak *Silvatica*: »Eine Lese-Freude, nein: über die Dauer des Lesens hinaus ein sinnlicher Genuß an Sprach-Kunst, an Denk- und Nachdenk-Vergnügen« (Rolf Michaelis, *Die Zeit*); »Das Buch ist ein großer Wurf. Mit ihrem Gedichtband *Silvatica* hat sich Helga M. Novak auf einen Schlag in die erste Reihe geschrieben ...« (Dorothea von Törne, *Sender Freies Berlin*).
Die erwartete Jane Austen-Biographie von Elsemarie Maletzke erscheint: »... hat nun Elsemarie Maletzke, die sorgsame und zugleich unterhaltende Biographin der Schwestern Brontë und der viktorianischen Autorin George Eliot, eine Lebensdarstellung Jane Austens geschrieben – bis ins Detail informiert, aber niemals pedantisch, anschaulich, ohne jemals ins allzu kolorierte zu geraten, und in schöner Folgerichtigkeit entwickelt, ohne das Leben der Jane Austen einer urteilenden oder projizierenden These der Biographin unterzuordnen« (Elke Schmitter, *Die Zeit*).
»Einer der schönsten französischen Prosatexte aus dem 18. Jahrhundert ...« (Milan Kundera) erscheint in einer Neuübersetzung von Reinhard Kaiser: Vivant Denon, *Nur diese Nacht*. »Denons kleines Jugendwerk hat viele Übersetzer herausgefordert, die jüngste deutsche Übertragung von Reinhard Kaiser ist gewiß die bislang beste ...« (Dietrich Leube, *Bayerisches Fernsehen*).
Daphne du Mauriers *Mein Cornwall* und Alice Vollenweiders *Italia!* erreichen rasch weitere Auflagen.

Oktober
Reinhard Kaiser wird für *Königskinder* mit dem *Deutschen Jugendliteraturpreis* ausgezeichnet. »Was bleibt sind Briefe. Was bleibt sind die Spuren einer Liebe. Was bleibt ist ein beeindruckendes Zeitdokument, das im Einzelschicksal fast beiläufig das Menschenverachtende des nationalsozialistischen Systems sichtbar werden läßt« (Aus der Begründung der Jury).

November
Buch des Monats der Darmstädter Jury: Helga M. Novak, *Silvatica*.

Dezember
Verleihung des *Brandenburgischen Literaturpreises* an Helga M. Novak für *Silvatica*, die Laudatio hält Günter de Bruyn. »Helga M. Novaks Gedichtband *Silvatica* ist zweifellos einer ihrer schönsten und gelungensten. Ein Gedichtbuch der Veränderungen, der menschlichen Abenteuer, der bewegten Gleichzeitigkeit von Jugend und Alter, von Hingabe und Zurücknahme, von Leidenschaftlichkeit und ironischer Gefaßtheit« (Aus der Begründung der Jury).
Helga M. Novaks *Silvatica* auf der *Bestenliste* des Südwestfunks: »Gedichte, die von der Natur erzählen, von ihrer Zerstörung – und der Rettung im Wort.«

1998

Im Frühjahr das erste Buch von Brigitte Doppagne bei Schöffling & Co.: *Der Nachtgast.*
Von Wilhelm Genazino erscheint *Achtung Baustelle*, eine Sammlung seiner literarischen Betrachtungen, Essays und Reden.
Als Neuausgabe in Kassette erscheinen die autobiographischen Bücher *Die Eisheiligen* und *Vogel federlos* von Helga M. Novak: »Das zweite autobiographische Buch von Helga M. Novak steht dem ersten im Anspruch, in der Kühnheit der Anlage in nichts nach. Erschüttern die Kindheitserinnerungen durch das unmittelbare, fast noch kreatürliche Erleben des Kindes, das der Umwelt ausgesetzt ist durch seine wilden, ganz ungeschützten Emotionen, beeindruckt *Vogel federlos* durch die Spannweite, die vom Intimen bis zur Weltpolitik reicht« (Elsbeth Pulver, *Neue Zürcher Zeitung*).
Schlechte Erfahrungen: Zum ersten (und hoffentlich letzten) Mal muß der Verlag ein Buch zurückrufen und makulieren; Michael Schultes Ambrose Bierce-Biographie *Allein in schlechter Gesellschaft* ist zu großen Teilen die wörtliche Übernahme einer amerikanischen Bierce-Biographie.
Unter den Reisebegleitern als deutsche Erstausgaben von Lawrence Durrell *In der Provence* und *Wildes Wales* von George Borrow, von Hans Scherer *Côte d'Azur*: »Hans Scherer ist einer der bezaubernsten Reiseschriftsteller dieser Zeit« (*Frankfurter Rundschau*).

Mai
Verleihung des *Literaturpreises der Konrad-Adenauer-Stiftung* an Hartmut Lange, die Laudatio hält Odo Marquard. Im Herbstprogramm stehen Hartmut Langes *Italienische Novellen.*

August
Eine große Besprechung von Paul Kornfelds *Blanche oder Das Atelier im Garten*

SCH 265

wenn unser Partner nachts plötzlich mit einem dunklen Sprung aus der Nische hervorfährt, in der er sich nur zum Spaß versteckt hat. Hier verschwindet womöglich das Schluchzen; freilich werden wir derart vom Schrecken erfaßt, daß wir nun zu zucken beginnen; doch auch dieses den ganzen Körper schüttelnde Zucken ist ja nichts anderes als ein schließlich vorübergehender Krampf. Vielleicht werden wir nun zu stottern beginnen; doch das Stottern ist wie wir wissen nichts anderes als das Resultat zuckender Krämpfe im Bereich derjenigen Muskeln, die wir zum Sprechen brauchen.

Schlucken. Der Zungenrücken höhlt sich löffelförmig aus und preßt sich an die knöcherne Decke der Mundhöhle, wo der Verdauungsschlauch beginnt, in der die zermahlenen, durch Speichel und Schleim schlüpfrig gemachten Speiseteile ihen Weg in den Magen leicht gleitend beginnen. Der Vorgang des Schmeckens ist schon abgeschlossen, wenn der durchfeuchtete und zermalmte Bissen aus der Mundhöhle in den Schlund gedrückt wird und durch die von oben nach unten wurmförmig fortschreitenden Bewegungen dem Magen letztenendes übergeben wird. Nun formt sich, um ehrlich zu sein, die Zunge zu einem festen rundlichen vorn etwas zugespitzten Zapfen, um schon den nächsten Bissen zu berühren.

Schlucksen. Ein Mann, etwas geschwächt durch Alkohol, begann mit einem beständigen Schlucksen und blieb des Nachts wach. Er wurde ganz schwach vom Schlucksen, mußte die Arbeit einstellen und im Bett bleiben. Auch klagte er über ein Vollsein im Hals. Durch Niederdrücken der Zunge mit einem Löffelstiel sah man die Rachenhöhle geschwollen und verlängert. Einmal hörte der Schlucksen gänzlich auf, eine Stunde später kehrte er aber zurück. Auf zwei weitere Erscheinungen werden wir in der nächsten Zeit noch aufmerksam machen.

Schlürfen. Beim Schlürfen ziehen wir durch die verengte Mundspalte und zwar durch Erweiterung der Brust rasch einen Luftstrom ein, welcher die an die Lippen gebrachte Flüssigkeit mit sich in die Mundhöhle hinabreißt.

Schluß. Es ist gut, wenn der Schluß nicht ganz unvermittelt eintritt, sondern erst

Tafel XLVII

Ror Wolf, Raoul Tranchirers vielseitiger großer Ratschläger

von Peter Härtling in der *Süddeutschen Zeitung* verhilft dem Roman definitiv zum Durchbruch: »Kornfeld hat einen Gesellschaftsroman geschrieben, in aller Anschaulichkeit und mit epischer Geduld, er hat, was in diesem Jahrhundert nur wenigen Schriftstellern gelang, einen autarken und einzigartigen Erzählraum geschaffen, doch zugleich – und das verblüfft und schmerzt den Leser – führt er vor, daß dieses Glück befristet ist. So entschlossen Blanche auch ein Muster für ihre Welt entwirft, und sogar das Personal danach ordnet – nichts ist mehr verbindlich, die Realitäten verlieren ihren Grund, Wirklichkeit und Wahrheit geraten durcheinander oder werden zynisch ausgetauscht. Das Buch nahm mich auf, ich verlor mich in ihm. Es gibt nur wenige Romane oder Erzählungen, die in meinem Gedächtnis einen eigenen Raum beanspruchen, den ich, wann immer es mich danach verlangt, betrete und alles und alle wiederfinde wie beim ersten Mal, eine immer neue Geschichte. Kornfelds *Blanche* zählt zu diesen Büchern. (…)

Das Buch, ich bin sicher, wird endgültig in seiner Bedeutung erkannt werden, und Blanche wird sich zu jenen gesellen, die wir lieben, zu Theodor Fontanes Effi, zu Robert Musils Agathe, zu Joseph Roths Mendel, zu Thomas Manns Hanno – und und und.«

Auch das *Literarische Quartett* entdeckt Paul Kornfeld: »Weshalb mich der Roman so beeindruckt hat: es ist ein sprachlich glanzvoller Roman, er ist mit einer Intensität der Sprache geschrieben, die mich verblüfft« (*Marcel Reich-Ranicki*); »Ich habe einen so großen Romancier deutscher Sprache lange nicht entdeckt. Das Buch ist ein Kosmos« (*Hellmuth Karasek*); »Ein absoluter Meister der Prosa, das Buch ist fabelhaft geschrieben« (*Andreas Isenschmid*); »Wir beide sind von dem Roman begeistert!« (*Marcel Reich-Ranicki und Hellmuth Karasek im Chor*).

Ein langgehegter Traum des Verlages wird mit der Neuausgabe verwirklicht und *Blanche* eines der meistbesprochenen und erfolgreichsten Bücher des Jahres.

Der Verlag übernimmt aus der Reihe der Publikationen der Darmstädter Akademie *Revolution mit Flötenmusik*, die kritische Prosa Paul Kornfelds aus den Jahren 1916-1932.

Neue Autoren im Herbstprogramm: Karin Reschke mit *Birnbaums Bilder*, Günter Ohnemus' Roman *Der Tiger auf deiner Schulter*: »Gar nicht einfach hierzulande, ein Buch zu schreiben, das locker daherkommt, ja fast schon schlendert, und das einem gleichwohl klarmacht, wie weit der Himmel und das menschliche Herz sein können und was für eine geheimnisvolle Sache das Leben manchmal ist. Günter Ohnemus kann das. Unsentimentaler sind Emotionen lange nicht mehr erzählt worden« (*stern*).

Es erscheinen der zweite Roman von Sebastian Faulks *Das Mädchen vom Lion d'Or* und eine erweiterte Neuausgabe der Biographie *Das Leben der Brontës* von Elsemarie Maletzke: »Mit ihrer Lebensgeschichte der Brontës hat uns Elsemarie Maletzke eines der lesbarsten, menschlichsten und bei aller Tristesse amüsantesten Bücher des Jahres beschert« (*Brigitte*).

September
Auf der *Bestenliste* des Südwestfunks und *Buch des Monats*: Paul Kornfelds Roman *Blanche oder Das Atelier im Garten.*

Oktober
Am Vorabend der Buchmesse liest Peter Härtling aus *Blanche oder Das Atelier im Garten* im Holzhausenschlößchen in Frankfurt am Main.

Plakat DIN A1

1999

Januar
Die Stiftungsgastdozentur Poetik an der Johann Wolfgang Goethe-Universität in Frankfurt am Main übernimmt Eva Demski, sie spricht über *Zettelchens Traum oder »Warum sollte der Mensch nicht sein Geheimnis haben? Oder ein Tagebuch?«* Die *Frankfurter Allgemeine Zeitung* war dabei: »Mit ihren fünf klugen Vorlesungen über die gar nicht so geheimen Freuden und Leiden der Tagebuch-Schreiber eroberte die Frankfurter Dichterin den Hörsaal.« Die Stadt- und Universitätsbibliothek zeigt parallel die Ausstellung *Eva Demski. Bilder und Schriften.*

März
Im Frühjahrsprogramm die *Legende* von Paul Kornfeld, Norbert Scheuers Roman *Der Steinesammler*, für den er im kommenden Jahr mit dem *Koblenzer Literaturpreis* ausgezeichnet wird; aus Italien Elisabetta Rasy und ihr Roman *Das Meer beginnt in Neapel*: »Das wunderbar komponierte Buch ist eine Hymne an die Stadt am Meer: auf Neapel, eine melancholische Erinnerung an die Freundin und ein zarter Abschied von der Kindheit« (Doris Maurer, *Norddeutscher Rundfunk*). In der Katzenabteilung des Verlages von Werner Fuld: *Von Katzen und anderen Menschen*, illustriert von Gottfried Müller.
Die *Frankfurter Vorlesungen* von Eva Demski erscheinen im Mai. Unter den Reisebüchern Peter Sager *Englische Gartenlust* und Wilfried F. Schoeller *Nach Berlin!*

Mai
Verleihung des *Literaturpreises der Konrad-Adenauer-Stiftung* an Burkhard Spinnen, die Laudatio hält Annette Schavan, Ministerin für Kultus, Jugend und Sport des Landes Baden-Württemberg: »Bereits mit seinem Erstlingswerk *Dicker Mann im Meer*, für das ihm 1991 der *aspekte-Literaturpreis* des ZDF verliehen wurde, hat Burkhard Spinnen sich einen Namen als sensibler Beobachter und detailbesessener Chronist der kleinen Katastrophen unseres Alltags gemacht. Mit einer akribischen

Wiener Nachtleben
Peter Altenberg
Herausgegeben von
Burkhard Spinnen
Schöffling & Co.

Mama Donau
Eva Demski
Schöffling & Co.

Venedig
Salon der Welt
Eva Demski
Schöffling & Co.

Von Brügge nach Gent
Eine Reise durch Flandern
Brigitte Doppagne
Schöffling & Co.

Mein Cornwall
Schönheit und Geheimnis
Daphne du Maurier
Schöffling & Co.

LETTERS
Very British!
Unterwegs in England,
Irland und Schottland
Elsemarie Maletzke
Schöffling & Co.

Sissinghurst
Portrait eines Gartens
Vita Sackville-West
& Harold Nicolson
Schöffling & Co.

England, mein England
Britische Begegnungen
Peter Sager
Schöffling & Co.

Englische Gartenlust
Von Cornwall bis Kew Gardens
Peter Sager
Schöffling & Co.

Liebe zur Detailbeschreibung, gepaart mit einem ausgeprägten Sprachwitz, schildert er skurrile Situationen und Begebenheiten, wie sie im Leben jedes Menschen vorkommen mögen: den ganz normalen Wahnsinn eben. Doch mit Soap-Opera hat das nur wenig zu tun. Spinnen ist alles andere als ein Poet des Reihenhausidylls: Zielstrebig läßt er durch eine extrem dichte Beschreibung des scheinbar Trivialen und Banalen die Fassade der biederen Normalität zerbröckeln. Und hinter dieser löchrigen Kulisse scheint dann in seinen Geschichten – für einen Augenblick jedenfalls – die Maske des Absurden und Monströsen auf.
Die Sprache, in der Burkhard Spinnen die Demontage falscher Sicherheiten betreibt, ist kurz, kühl und präzise. Keine Metapher steht dem Blick im Weg. Es wird kein Wort zuviel gesagt, aber auch keines zuwenig.
Man hat als Leser und Leserin das Gefühl, es sei schon recht so, was und wie der Spinnen da schreibt: redlich, distanziert, manchmal ein wenig behäbig, aber immer korrekt. Und weil das so ist, glaubt man sich geborgen auf dem sicheren Untergrund scheinbarer Plausibilitäten. Und man ist dann immer wieder aufs neue überrascht und vielleicht sogar erschrocken, wenn einem der Autor diesen Boden bei nächster Gelegenheit unter den Füßen wegzieht.«

August
Im Zentrum des Herbstprogramms zwei Romane: *Die Schattenboxerin* von Inka Parei und *Die Farbe der Erinnerung* von Jennifer Egan. Inka Pareis Debut wird zu einem großen Erfolg bei Lesern und Kritikern: »Dieses Debut ist ein Versprechen« (Thomas Wirtz, *Frankfurter Allgemeine Zeitung*), »Eine Glanzleistung« (Agnes Hüfner, *Süddeutsche Zeitung*). *Die Schattenboxerin* wird zu einem internationalen Erfolg, zahlreiche Übersetzungen werden vorbereitet.
»Ein Königreich der amerikanischen Literatur« (Gore Vidal) erscheint zum ersten Mal in deutscher Sprache: *Wach ich oder schlaf ich* von Isabel Bolton. Im Lexikonformat liegt die erweiterte Ausgabe von *Raoul Tranchirers vielseitiger großer Ratschläger für alle Fälle der Welt* von Ror Wolf wieder vor, ebenso, von Albert Schindehütte vollständig neu illustriert, *Auf Wiedersehen in Kenilworth* von Peter Rühmkorf.
Auf über 800 Seiten veröffentlicht der Verlag die gesammelten Gedichte von Helga M. Novak, darunter über hundert bislang ungedruckte Gedichte: *solange noch*

Nadine Hostettler

Reinhard Kaiser

Martin Kessel

Liebesbriefe eintreffen, herausgegeben von Rita Jorek, mit einem Nachwort von Eva Demski. »Solange noch solche Gedichte abgeschickt werden, Briefe an uns, die es angeht, ist nicht alles verloren« (Harald Hartung, *Frankfurter Allgemeine Zeitung*), »Eine der wahren Dichterinnen unserer Zeit« (Rolf Michaelis, *Die Zeit*). Mit dieser Edition ist das lyrische wie das erzählerische Werk von Helga M. Novak wieder vollständig zugänglich.

September
An der Spitze der *Bestenliste* des Südwestrundfunks steht Inka Parei mit ihrem Debutroman *Die Schattenboxerin*.
Verlagspräsentation in Krakau: der Verlag stellt seine Autoren im Goethe-Institut vor, es liest Eva Demski.

Oktober
Der Verlag eröffnet ein Berliner Büro, das bis Oktober 2002 unter der Leitung von Cornelia Lotthammer Autoren- und Buchhandelsbetreuung sowie die Veranstaltungsorganisation in der Hauptstadt übernimmt.

2000

Das Frühjahrsprogramm steht ganz im Zeichen des literarischen Reisens: Als Erstausgabe erscheint *In Jerusalem leben* von Batya Gur, in der Reihe der literarischen Reisebegleiter *Mallorca* von Peter Knorr, *Gardasee* von Franziska Wolffheim, der Manhattan Roman *In New York* von Alban Nikolai Herbst und als Neuausgabe *Lesbos* von Eva Demski. Erstmals angekündigt für den Spätsommer und seitdem jährlich: *Der literarische Reisekalender*, herausgegeben von Elsemarie Maletzke. »Neues und Fremdes sehen und dabei das Herz im Leibe hüpfen lassen, so ist das Verreisen, das Wiederkommen und das Erinnern. Dies vor allem und dazu trägt der Literarische Reisekalender bei« (*Frankfurter Rundschau*).

August
Im Herbstprogramm zwei neue Bücher von Burkhard Spinnen: Der Roman *Belgische Riesen*, der zu einem internationalen Erfolg wird und in bislang zehn Sprachen übersetzt ist sowie auf 400 Seiten die Sammlung der Essays und Reden *Bewegliche Feiertage*: »Maßvolle Ketzerei ließe sich nennen, was Burkhard Spinnen, durchaus traditionsbewußt, in seinen Essays veranstaltet« (Wieland Freund, *Süddeutsche Zeitung*). Das Debut in diesem Herbst ist Nadine Hostettler mit *Fräulein Matter verliebt sich*, das Leser und Kritiker begeistert: »Es ist ein Buch, in dessen einzelnen Geschichten man versinkt, um am Ende ein bißchen reicher als zuvor wieder aufzutauchen« (Tina Heidborn, *Der Tagesspiegel*), »Manche Sätze möchte man gleich mehrmals lesen, um sie auszukosten wie einen guten Wein« (Petra Pluwatsch, *Kölner Stadtanzeiger*), »Man möchte auf keinen Satz in diesem Buch verzichten« (*Berliner Zeitung*).
Das Ereignis des Herbstes sind die Aufzeichnungen der Helene Holzman *»Dies Kind soll leben«*, herausgegeben von Reinhard Kaiser und Margarete Holzman: »Und wenn alles mit rechten Dingen zugeht, wird das Buch zu einem der meist beachteten dieses Herbstes werden« (Christoph Schröder, *Frankfurter Rundschau*), »Ein geradezu fantastisches Zeugnis des Überlebenswillens und des souveränen Wi-

aus Wörtern und Schreien und Grunzlauten, vollkommen rätselhaft und undurchdringlich, bis nach einer gewissen Weile das Wortegrollen etwas abnahm, und vor dem dunkelgrauen Hintergrund aus Au und Oh und Ach und Buh hoben sich einige spitz gezischte Laute ab, die hießen »Dollar« und »Rupien«, »Rechnung« und »Bargeld«, »Travellercheck« und »Kreditinstitut«, Minnie Gingha hielt es für Hauptwörter einer Fremdsprache, die sie nicht verstand, und um überhaupt etwas zu antworten, sagte sie: »Ich will jetzt in die Falle.« Es war anscheinend auch solch ein Zauberwort, denn ehe der Abend noch richtig anbrach, sah Minnie sich in einen Käfig mit eisernen Gitterstangen versetzt. Jetzt komme ich gewiß als Tiger zu Herrn Singh, war ihr letzter Gedanke, bevor ihr die Augen zufielen; dann tauchte sie ab in die Nacht und schlief bis zum nächsten Morgen fest wie eine Versteinerung.

ACHTES KAPITEL
Das Katzenforum

Peter Rühmkorf, Auf Wiedersehen in Kenilworth

derstands. Ich zögere nicht: Ich halte es für eines der Hauptbücher dieses Herbstes!« (Wilfried F. Schoeller, *Hessisches Fernsehen*), »Ohne Zweifel handelt es sich hier um eine historische Quelle von außerordentlichem Rang« (Volker Ullrich, *Die Zeit*). Das Buch erreicht mehrere Auflagen und wird international stark beachtet, Übersetzungen erscheinen in Polen, Frankreich, Italien, Rußland, Litauen und China. Zwei Übersetzungen amerikanischer Literatur: Jennifer Egan, *Emerald City* (Ruth Rendell: »Jennifer Egan beherrscht mit verblüffender Reife die grundlegenden Voraussetzungen zum Schreiben von short stories: Knappheit, Direktheit, Atmosphäre, das Schaffen einer bestimmten Stimmung. Sie schreibt eine Prosa in der Sprache von heute: klar, präzise, lakonisch und meistens schockierend«) und

Isabel Bolton, *Mary und Grace*: »Hier ist eine große Erzählerin am Werk« (Kyra Stromberg, *Süddeutsche Zeitung*).
Von Ror Wolf erscheinen Radio-Reisen: *Leben und Tod des Kornettisten Bix Beiderbecke aus Nord-Amerika* mit einer CD, darauf zum Teil bislang unveröffentliche Hörspiele; von Eva Demski die gebundene Neuausgabe des Romans *Scheintod*.

Oktober
Inka Parei wird mit dem *Hans-Erich-Nossack-Förderpreis* ausgezeichnet, Burkhard Spinnen wird Stadtschreiber der Stadt Offenbach.

November
Margarete Holzman und Reinhard Kaiser werden für ihre Edition der Aufzeichnungen der Helene Holzman *»Dies Kind soll leben«* mit dem *Geschwister-Scholl-Preis* ausgezeichnet: »Das Buch ist ein eindringlicher Appell an den Mut zur Humanität und zu geistiger Freiheit auch und gerade der jungen Generation. Als Deutsche mit litauischem Paß und ›Halbjüdin‹ hat die Malerin und Buchhändlerin Helene Holzman (1891-1968) die Zeit der deutschen Besetzung 1941-1944 in der Stadt Kaunas miterlebt und erlitten, ihr Ehemann und ihre ältere Tochter wurden verschleppt und ermordet. Sie selbst und eine Gruppe befreundeter Frauen bemühten sich, möglichst viele gefährdete Kinder aus dem Ghetto und damit vor dem sicheren Tod zu retten. Gänzlich unpathetisch, doch voll anrührender und erschreckender Details, scheinbar kunstlos und doch mit eindringlicher Erzählgabe zeichnet die Autorin ein genaues Bild dieser Schreckenszeit voll Feigheit und Opportunismus, Brutalität und Haß einerseits, Tapferkeit und Überlebenswillen, Zivilcourage und kühnem Widerstand andererseits. Sie schildert die Täter und Mitläufer, denen sich eine verschworene Gemeinschaft einfacher Frauen widersetzt, und zeigt dabei die Gebrochenheit und Widersprüchlichkeit menschlicher Verhaltensweisen in einer Extremsituation, aber auch die Chancen einer unbeirrbaren Mitmenschlichkeit gegen Rassenhaß und Gewalt. Die Aufzeichnungen, die Helene Holzmans gerettete Tochter Margarete und Reinhard Kaiser nach 55 Jahren sorgfältig ediert haben, sind eine einzigartige historische Quelle für die bisher wenig erforschte Vernichtung der Juden in Litauen. Als authentische Chronik, aber auch als tief berührendes individuelles Zeugnis steht es neben den Tagebüchern von Anne Frank und Victor Klemperer.« (Aus der Begründung der Jury)

NARRATIVA DEL ACANTILADO
Inka Parei
La luchadora de sombras

NÄR VI MÖTS
KÄRLEKSBREV 1935-1941
REINHARD KAISER
ALFABETA

Inka Parei
La Boxeuse d'ombres
PAUVERT

MARGIT
Schreiner
HUIS, VROUWEN, SEKS
Roman

Adolf Schröder
HET KAARTSPEL

BURKHARD SPINNEN
IL CONIGLIO GIGANTE
FABBRI EDITORI

MARKUS ORTHS
De lerarenkamer
ROMAN

Juli Zeh
Àguiles i àngels
Empúries Narrativa

JULI ZEH
De stilte is een geluid
Een reis door Bosnië
VAN GENNEP

Reinhard Kaiser
BACI DI CARTA
Una storia d'amore
nata al tempo sbagliato

GIGANTES
BELGAS
SIRUELA
BURKHARD
SPINNEN

Skuggboxerskan
Inka Parei

Águilas
y ángeles
JULI ZEH
Siruela

Juli Zeh Adelaars
& engelen
van gennep

JULI ZEH
Ørn og engel
«Uten tvil den kuleste boka denne sesongen!»
Die Welt
GYLDENDAL

Örn och ängel
JULI ZEH

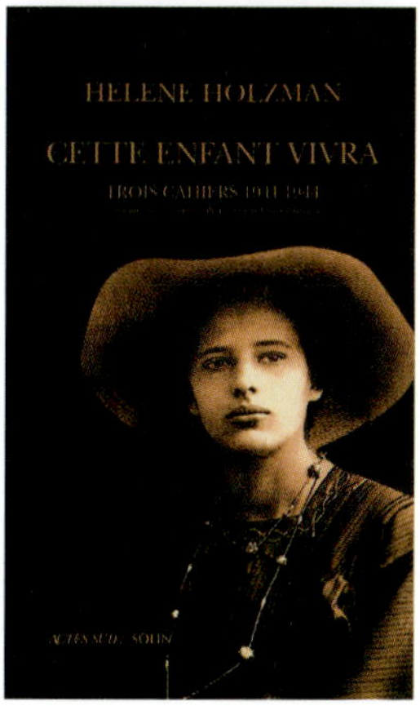
HELENE HOLZMAN
CETTE ENFANT VIVRA
TROIS CAHIERS

Eagles
and
Angels
Juli Zeh

2001

Januar
Auf der Hörbuch-Bestenliste des Hessischen Rundfunks: *Belgische Riesen*, gelesen von Burkhard Spinnen, *»Dies Kind soll leben«* von Reinhard Kaiser.

März
Es erscheinen der erste Roman von Elsemarie Maletzke *Miss Burney trägt Grün* (»Unglaubliche erzählerische Dichte«, Claudia Hoffmann im *Südkurier*), neue Romane von Karla Schneider (*Rückkehr nach Podgoritza*) und Andrea Simmen (*Der eingeschneite Hund*).
Zum 100. Geburtstag von Martin Kessel im April erscheint die Neuausgabe des Romans *Herrn Brechers Fiasko* und wird zu einem überragenden Erfolg. Der Rang des Georg-Büchner-Preisträgers von 1954 wird endlich und nachhaltig erkannt: »Große Präzision und Kunst. Kessels Meisterwerk« (Lothar Müller, *Frankfurter Allgemeine Zeitung*), »Dieses Buch, das aus dem Nadelöhr des Angestelltenalltags die ganze menschliche Komödie zieht, ist nicht nur eines der großen Sprachkunstwerke des 20. Jahrhunderts und ein Hauptbeitrag zur ›Physiologie der Hauptstadt‹, ranggleich mit Döblins ›Berlin Alexanderplatz‹, sondern ein Desillusionierungsprojekt von gespenstischer Aktualität« (Andreas Nentwich, *Neue Zürcher Zeitung*), »Das Buch überbot an analytischer Kraft wie an sprachlicher Illuminationsfähigkeit alles, was in der Weimarer Republik über die Welt der Angestellten geschrieben worden war« (Wilfried F. Schoeller, *Süddeutsche Zeitung*).
In der Reisereihe erscheinen *Englische Landschaften* von Peter Sager und *Mama Donau* von Eva Demski: »Mama Donau gehört zum Schönsten, was diese originelle, den Blick kritisch-amüsiert aufs Reale richtende Romanautorin, Reporterin und Reiseschriftstellerin je aufs Papier gebracht hat« (Wolfgang Werth, *Süddeutsche Zeitung*).
Buch des Monats: Martin Kessel, *Herrn Brechers Fiasko*

Paul Kornfeld

Rudolf Lorenzen

Elsemarie Maletzke

Der Verlag kapituliert vor weißrussischen Akkordeonspielern, Maifesten und Weihnachtsmärkten und zieht aus der Innenstadt in das Hinterhaus der Kaiserstraße 79.

Große Buchvorstellung von *Herrn Brechers Fiasko* in Berlin Stadtmitte: Lothar Müller spricht über Martin Kessel und sein Werk, Martin Wuttke liest aus dem Roman.

Mai
Auf der *Bestenliste* des Südwestrundfunks: *Herrn Brechers Fiasko* von Martin Kessel.

Juni
Im *Literarischen Quartett* kontroverse Diskussionen über Martin Kessels *Herrn Brechers Fiasko*.

Juli
Zwei Debutanten im Herbst: Markus Orths mit seinen Erzählungen *Wer geht wo hinterm Sarg?* und Juli Zeh mit ihrem Roman *Adler und Engel*, das bislang erfolgreichste Buch des Verlages und ein Welterfolg, der in 22 Sprachen übersetzt wird. Die Kritik ist sich einig: »Für eine solch bittere und zugleich eisige Zeitkritik

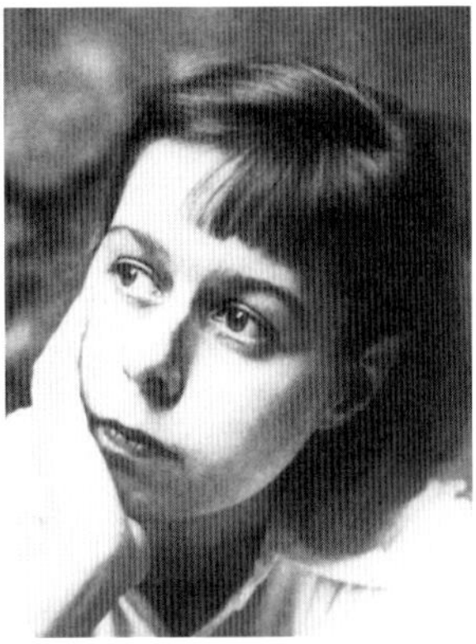
Carson McCullers

Dieter Meichsner

Henry Miller

haben Bret Easton Ellis und Michel Houellebecq eine Bresche geschlagen. Auf ihre Weise marschiert Juli Zeh da nun ebenfalls hindurch. Ihr Referenzsystem ist die Zeitdiagnose, nicht das schicke Kokettieren mit den Symptomen. Ihren Roman hat sie mit Einfallskraft, Gegenwartsbewußtsein und großer Intelligenz auf diese Ebene hinaufgeschrieben« (Eberhard Falcke, *Die Zeit*), »Das Wunderkind der Saison heißt Juli Zeh« (Andreas Nentwich, *Neue Zürcher Zeitung*), »Mit ihrem Debüt-Roman hat Juli Zeh den lang ersehnten großen realistischen Roman geschrieben. Snapshots von halluzinatorischer Klarheit, die zum Schönsten und Wildesten zählen, was in den letzten Jahren an deutscher Prosa erschienen ist. Eine Literatur, die der bildmächtigen Magie des Gabriel García Márquez ebenso entspricht wie dem harten, mitleidlosen Realismus der amerikanischen Short-Story-Legende Raymond Carver« (Peter Henning, *Die Weltwoche*), »Rasantes Roman-Debüt. Halluzinatorische Bannkraft eines Alptraums« (Rainer Traub, *Der Spiegel*), »Juli Zeh schreibt eine der Zeitstimmung angemessene, geradezu schlagfertige Prosa. Sie steht Michel Houellebecq in nichts nach« (Eberhard Falcke, *DeutschlandRadio*), »Juli Zeh glückte ein Debüt, das im Ausstoß der Verlage monolithisch aufragt« (Jamal Tuschick, *tageszeitung*), »Erstaunlicher, fulminanter Roman« (Verena Auffermann, *Süddeutsche Zeitung*), »Die Ausnahme-Juristin hat einen sensationellen Debüt-Roman geschrieben: aufregend, mutig, kompromisslos« (Angela Wittmann, *Brigitte*).

Die Martin Kessel-Edition wird fortgesetzt mit dem Roman *Lydia Faude*, Wilfried

F. Schoeller schreibt das Nachwort. Es erscheinen der zweite Roman von Adolf Schröder *Das Kartenspiel*, von Werner Fuld *Paganinis Fluch*, die Geschichte einer Legende und – langerwartet – neue Gedichte von Klaus Hensel: *Humboldtstraße, römisches Rot*: »Sie sind selten, diese Glücksmomente: daß man einen Gedichtband aufschlägt, und die Gedichte sind sofort da, klar und selbstverständlich wie Gegenstände, deren Existenz unbestreitbar ist« (Meike Fessmann, *Süddeutsche Zeitung*). Der Verlag beginnt ein ehrgeiziges Vorhaben, eine Ausgabe der Romane und Erzählungen von Elizabeth Bowen in Neuübersetzungen von Sigrid Ruschmeier. Als erster Band erscheint der Roman *Der letzte September*, als fundierte Begleitung *Elizabeth Bowen. Portrait einer Schriftstellerin* von Hermione Lee. Die Ausgabe wird einhellig begrüßt: »Man kann nur schwer aufhören, wenn man einmal mit der Lektüre von Bowens Büchern angefangen hat, sucht nach Gründen und psychologischen Erklärungen. Daß uns die auf geniale (und äußerst moderne) Weise verweigert werden, macht nicht zuletzt die literarische Größe dieser Autorin aus, die immer wieder in einem Atemzug genannt werden muß mit Henry James und Virginia Woolf« (Manuela Reichart, *Berliner Zeitung*).

September
Auf der *Bestenliste* des Südwestrundfunks: *Adler und Engel*.

November
Burkhard Spinnen erhält den *Oldenburger Kinder- und Jugendbuchpreis* für seinen Roman *Belgische Riesen*. Die Jury bezeichnet Spinnens Buch als »Ausnahmeroman, der sich in der Reihe der großen europäischen kinderliterarischen Texte einordnen lässt«.
Juli Zeh im TV: die Harald-Schmidt-Show präsentiert Gegenwartsliteratur.
Am 11. November steht fest, daß der bisherige Verlag von Margit Schreiner seine Arbeit nicht fortsetzen kann und auch, daß höchste Eile geboten ist, um den neuen Roman *Haus, Frauen, Sex.* für das Weihnachtsgeschäft und die Vorstellung im *Literarischen Quartett* zu retten. Der Verlag erreicht die Herausgabe der Verlagsrechte und stellt in kürzester Zeit zwei neue Auflagen des Romans her. Das *Quartett* reagiert angemessen: »Ein intelligentes Buch, sehr überzeugend, eine kunstvolle Sprache – ich finde die Autorin hoch beachtlich« (Marcel Reich-

Ranicki). Andere Kritiker sehen es auch so: »Über 200 Seiten geht der verbale Amoklauf, die Männer werden sich mit ihrem Schicksalsgenossen solidarisieren, während die Frauen ›selber schuld‹ und ›geschieht ihm recht‹ rufen werden – bis die einen wie die anderen herausfinden, daß es eine Frau ist, die ein furioses Stück Rollenprosa geschrieben hat, wie es ein Mann, politisch domestiziert und emotional verbogen, wohl nie hätte schreiben können« (Henryk M. Broder, *Der Spiegel*), »Ein raffiniertes Stück Rollenprosa, in der sich der Redner mit viriler Geschwätzigkeit selbst entblößt, nachdem ihm seine Frau davongelaufen ist – ein gewitzter Eheroman vom Schiffbruch in den Pfützen der männlichen Impertinenz« (Franz Haas, *Neue Zürcher Zeitung*).

In den kommenden drei Jahren wird der Verlag die bisherigen Bücher von Margit Schreiner in gebundenen Neuausgaben wieder vorlegen.

Plakat DIN A1

2002

Januar
Juli Zeh wird für *Adler und Engel* mit dem Förderpreis des *Bremer Literaturpreises* ausgezeichnet: »*Adler und Engel* ist ein überragendes Romandebut über selbstzerstörerische Fluchtversuche aus dem Labyrinth mafioser Verflechtungen von Profit und Politik« (Aus der Begründung der Jury).

Februar
5. Februar: 80. Geburtstag von Rudolf Lorenzen, der Verlag feiert ihn und sein Werk im Filmkunsthaus *Babylon*, Otto Sander liest vor 500 Zuhörern aus *Alles andere als ein Held*, dem »vielleicht besten Roman irgendeines heute lebenden deutschschreibenden Autors« (Sebastian Haffner).
Rudolf Lorenzens Roman *Alles andere als ein Held* erscheint auf der *Bestenliste* des Südwestrundfunks.
»Eine deutsche Geschichte in romanischer Manier, mit der sich Lorenzen als Romancier von europäischem Rang zeigt« (Friedmar Apel, *Frankfurter Allgemeine Zeitung*), »Wie es wirklich war als Jahrgang 1922, wenn man unter Hitler aufwuchs, dann in den Krieg und später ins Wirtschaftswunder geriet, das erfuhr man damals aus zwei Büchern: *Die Blechtrommel* von Günter Grass und *Alles andere als ein Held* von Rudolf Lorenzen« (Eberhard Schade, *Süddeutsche Zeitung*).

März
Fortsetzung der Bemühungen des Verlags um das Werk von Martin Kessel, es erscheint der Roman *Die Schwester des Don Quijote* mit einem Nachwort von Lothar Müller. Von Elsemarie Maletzke erscheint die gesammelte Reiseprosa *Mond über Murzuq*: »Mit sezierendem Blick und feiner Ironie nähert sie sich den Objekten ihrer Neugier. Und sie kennt die Rezeptur für das richtige Mischungsverhältnis von Informations- und Humorgehalt.« (*Die Zeit*). Ein in vielerlei Hinsicht besonderes Buch: Nikolaus Heidelbach, *Käfer in Flammen*: »… ein skurriler Krabbeltier-

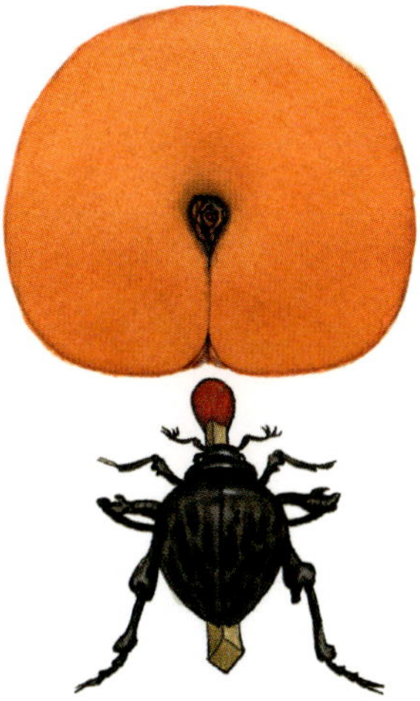

51

porno … lauter unanständiger Unsinn« (*Abendzeitung*, München). In Neuübersetzung von Heidi Zerning erscheint von Henry Miller *Reise nach New York*. Während der Leipziger Buchmesse wird Juli Zeh mit dem *Deutschen Bücherpreis* für das erfolgreichste Debut ausgezeichnet.

April
Juli Zeh wird für *Adler und Engel* mit dem *Rauriser Literaturpreis* für das beste Prosa-Debut ausgezeichnet.

Juni
Es erscheint *Die Stille ist ein Geräusch* von Juli Zeh: »Juli Zeh gelingt das Paradox, das versehrte, entzauberte Bosnien momentweise in einen prekären Zustand poetischer Gnade überzuführen« (Ilma Rakusa, *Neue Zürcher Zeitung*), »Juli Zeh

Helga M. Novak

Markus Orths

Inka Parei

sprengt die literarischen Genres und schafft eine kleine Kostbarkeit« (Harald Loch, *Frankfurter Neue Presse*), »Das Genre des Reiseberichts läßt ihr genügend Raum, zu zeigen, was sie wirklich kann: präzise schreiben« (Stefan Draf, *stern*), »Ein bemerkenswertes Stück Literatur. Gestellt in eine Tradition, zu der etwa Tucholskys *Pyrenäenbuch* und die Reisereportagen Koeppens zählen, nimmt es sich neben diesen berühmten Vorgängern nicht übel aus« (Rolf Schneider, *Die Welt*).

Juli
Die persönliche Empfehlung der *Bestenliste* des Südwestrundfunks von Verena Auffermann: Juli Zeh: *Die Stille ist ein Geräusch. Eine Fahrt durch Bosnien.*

August
Im Herbstprogramm erscheint *Corpus*, der erste Roman von Markus Orths: »Hier schreibt einer, der sein Handwerk versteht und auch einiges zu sagen hat« (Wendelin Schmidt-Dengler, *Literaturen*), das opus magnum von Paulus Böhmer *Kaddish I-X*, das in der Presse gefeiert wird: »Paulus Böhmer ist derzeit der interessanteste Dichter der Postmoderne. Er verliert sich nicht in Banalitäten; er zieht satanisierend, folternd, schändend und hymnisch preisend durch Gedankengebäude von Literatur, Kunst, Philosophie und Naturwissenschaften. Er assoziiert dabei Figuren und Formeln jüdischer und christlicher Religion, entwirft Naturszenerien, schildert drastisch Körperlichkeit und erhebt das Wort selbst zum

Thema« (Dorothea von Törne, *Die Literarische Welt*), »Als Jahrhundertwerk ist dieser überwältigende Zyklus angelegt; und er hat tatsächlich das Zeug dazu, es zu werden« (Wulf Segebrecht, *Frankfurter Allgemeine Zeitung*) und die Neuausgabe von Margit Schreiner, *Mein erster Neger*.

Im Zentrum der Aufmerksamkeit steht *Look at Me*, der zweite Roman von Jennifer Egan: »Egan, eine jener Autorinnen der Ostküste, die wie ihre Kollegin Siri Hustvedt weltoffen auftritt, von kühler Intellektualität ist und von rasanter Erzählkraft, hat hier ihr drittes Buch vorgelegt. Es ist ambitioniert im Anspruch, bevölkert von Figuren, die sich in shakespearescher Weise aufeinander beziehen, einander spiegeln, kommentieren« (Susanne Mayer, *Die Zeit*), »Allen Menschen in Egans Roman ist eins gemeinsam: Sie haben gelernt, die Liebe mehr als alles andere zu fürchten, sie sind eigensinnig auf Abgrenzung bedacht und gleichzeitig äußerst erlösungsbedüftig. (...) Auf bestürzende Weise hat Egan in der Figur Z und deren Fanatismus außerdem die Geschehnisse des 11. September fast hellseherisch vorweggenommen« (Angela Gatterburg, *Der Spiegel*), »Gibt es das: behäbige Sensationen? Wenn ja, dann ist Jennifer Egans Roman *Look at Me* die behäbigste Sensation seit langem. Er zeugt von den hochgespannten literarischen Ambitionen dieser Erzählerin und von ihrem klugen, manchmal geradezu hellseherischen Blick auf das Amerika der Gegenwart samt seiner todesverliebten Feinde. Jennifer Egans Buch hat schöne satirische Höhepunkte: Ihr Porträt des überdrehten New Yorker Internet-Unternehmers Thomas ist hinreißend« (Uwe Wittstock, *Die Literarische Welt*).

Jennifer Egan kommt zu einer Lesereise nach Deutschland, sie liest in Frankfurt am Main, Berlin, Freiburg und Köln.

Als »eine bewegende Autobiographie« (*Spiegel special*) und »ein großartiges Buch über die Einsamkeit und die verzweifelte Suche nach Liebe« (*Brigitte*) bewertet die Presse die deutsche Erstausgabe der *Autobiographie* von Carson McCullers, die, obwohl Fragment, ein bewegendes Selbstzeugnis einer großen Autorin darstellt. Verena Auffermann sieht das in der *Süddeutschen Zeitung* anders: »... Leichenfledderei«.

Das Haus in Paris, der zweite Band der Bowen-Ausgabe erscheint: »Nur ein Teil des Werks von Elizabeth Bowen ist bislang ins Deutsche übersetzt. Während ihr hundertster Geburtstag vor wenigen Jahren in Großbritannien Anlaß für die Wie-

Arthur Phillips

Jens Rehn

Arne Roß

derauflage ihrer Romane und Kurzgeschichten war, ist es dem Verlag Schöffling & Co. zu verdanken, daß die Schriftstellerin nach langer Pause nun auch bei uns wieder zu entdecken ist. Ihr markanter Stil – eine Mischung aus Genauigkeit, Poesie und Härte – hat Bowen immer wieder den Vergleich mit Henry James, Virginia Woolf und Edith Wharton eingetragen. Diese Qualitäten bestimmen auch ihren dritten, nun endlich auf deutsch vorliegenden Roman: Hier erweist sich die Autorin als Meisterin in der verdichtenden Beschreibung von Atmosphäre und Charakter. *Das Haus in Paris* ist ein fast zeitloses Kabinettstück, eine Miniatur von bestechender Präzision« (Felicitas von Lovenberg, *Frankfurter Allgemeine Zeitung*).

November
Die Darmstädter Jury wählt die *Autobiographie* von Carson McCullers zum *Buch des Monats.*
Eva Demski stellt in der Oper Frankfurt die *Autobiographie* von Carson McCullers vor.

Dezember
Markus Orths wird für seinen Roman *Corpus* mit dem *Marburger Literaturpreis* (Förderpreis) ausgezeichnet.

Als Assistentin des Verlegers tritt Silke Tabbert in den Verlag ein.

2003

Februar
Zum 75. Geburtstag von Dieter Meichsner erscheint in einer Neuausgabe der Roman *Die Studenten von Berlin*, die Kritik ist begeistert: »Es gilt, einen Roman wiederzuentdecken, der auch ein einzigartiges Zeitzeugnis des Lebens in der Frontstadt unmittelbar nach dem Zweiten Weltkrieg ist. Virtuos erweist sich Meichsner als Chronist von enormer Kenntnis und grossem Gespür für das Schicksal der sechs jungen Menschen, die im Mittelpunkt der Handlung stehen. Beeindruckend, mit welcher Souveränität der seinerzeit sehr junge Autor die verschiedenen Handlungsebenen miteinander verschränkt und dabei weit in die Tiefe der politischen Implikationen und Komplikationen lotet« (Susanne Ostwald, *Neue Zürcher Zeitung*), »Wenn überhaupt ein Schlüsselroman, dann sind *Die Studenten von Berlin* ein Schlüssel zum Verständnis der ersten Nachkriegsgeneration, die vor dem Studium noch Hitlers Uniform tragen musste« (Hannes Schwenger, *Die Literarische Welt*), »... ein für die Erinnerung an die deutsche Nachkriegsgeschichte sehr erhellender Roman« (Elmar Krekeler, *Die Literarische Welt*), »Haben sich die Hauptfiguren im Gedächtnis des Lesers verankert, so lassen sie ihn nicht mehr los. Ihre Biographien werden zu Fährten in die letzten Kriegsmonate und die ersten sechs Friedensjahre« (Walter Hinck, *Frankfurter Allgemeine Zeitung*).
Auf der *Bestenliste* des Südwestrundfunks: Paulus Böhmer, *Kaddish I–X*.

März
Burkhard Spinnen überrascht mit einem ungewöhnlichen Buch: *Der schwarze Grat. Die Geschichte des Unternehmers Walter Lindenmaier aus Laupheim*. »Ein Glücksfall für die Gegenwartsliteratur. Hier ist nicht nur eine Faktographie eines mittelständischen Unternehmens entstanden, eine aufregende Fallstudie über ›den stummen Zwang der ökonomischen Verhältnisse‹ (Karl Marx), sondern auch eine anrührende Geschichte über autokratische Väter und übereifrige Söhne, nicht zuletzt ein aufschlussreiches Experiment zur Erzählbarkeit einer Biographie«

(Michael Braun, *Frankfurter Rundschau*), »Herausgekommen ist ein fesselnder und einfühlsamer Bericht aus der Wirklichkeit, der fast ebenso viel über die Entstehung von Literatur verrät wie über den Unternehmer L. Es ist die Geschichte einer Person, die einen Autor fand, und eines Autors, der für sich und seine Leser die prosaische Schönheit und Tragik der Bilanzen entdeckte« (Katharina Döbler, *Die Zeit*), »Tatsächlich kann man über dieses Buch sagen, daß man daraus auf spannende, leicht fassliche Weise sehr viel über die innere und äußere Ökonomie eines mittelständischen Unternehmens lernt (...). Vor allem über die Abhängigkeit eines solchen Unternehmens von persönlichem Talent und Einsatz, von Willkür und Launen, von Charakter und Vorstellungsvermögen« (Thomas Steinfeld, *Süddeutsche Zeitung*), »Eine ganz erstaunliche Geschichte! Und wie er sie erzählt!« (Götz Alsmann, *Handelsblatt*), »Eine außerordentliche Dokumentation. Vom ›schwarzen Grat‹ aus soll die deutschsprachige Literatur absteigen in die Täler der Ökonomie« (Wieland Freund, *Die Literarische Welt*). In der *Neuen Zürcher Zeitung* irrt Stefan Maus: »... anspruchsloser Konfektionsstil.«

Ein veritabler Bestseller wird *Lehrerzimmer*, der zweite Roman von Markus Orths, der ein Jahr nach Erscheinen in der neunten Auflage vorliegt: »Eine absurde Groteske, ein satirischer Amoklauf. Orths' Satire wird in vielen Lehrerzimmern auf zustimmendes Kopfnicken und verschwörerisches Lächeln stoßen« (Martin Halter, *Frankfurter Allgemeine Zeitung*), »Eine fulminante Satire – ein an Wortwitz und Slapstick überreicher Roman« (Joachim Feldmann, *Süddeutsche Zeitung*), »Komisch, spannend und präzise. Jede Schulbehörde sollte umgehend eine ultimative Verordnung erlassen, die allen Lehrkörpern die Lektüre von *Lehrerzimmer* als unverzichtbaren Curriculumbestandteil auferlegt« (Thomas Schaefer, *Badische Zeitung*).

Es erscheint das opus magnum von Peter Sager: *Oxford & Cambridge*, »ein Doppelporträt von gelassener Genauigkeit« (Jochen Hieber, *Frankfurter Allgemeine Zeitung*), »Sager gelingt es, die Schönheit mit solcher Sprachpracht einzufangen, noch dem schnödesten Stein mit solchem Anekdotenreichtum Leben einzuhauchen, dass sich ein realer Besuch erübrigt« (*Süddeutsche Zeitung*). Der Verlag präsentiert Autor und Buch in der Britischen Botschaft in Berlin.

Als literarische Reisebegleiter erscheinen *Von Brügge nach Gent* von Brigitte Doppagne (»Ein Hintergrundbuch für reisende Entdecker«, *Die Zeit*) und *Sizilien*

Peter Sager

Jana Scheerer

Silke Scheuermann

von Franziska Wolffheim (»Bitte, keine Reise nach Sizilien ohne dieses feine kleine Buch einer gescheiten, mit liebenden Augen sehenden Reisenden.« Elke Heidenreich, *Westdeutscher Rundfunk*)
Elena Lorentzen tritt in die Abteilung Vertrieb/Lesungen ein.

Mai
Die Bayerische Akademie der Schönen Künste verleiht den *Großen Literaturpreis* an Ror Wolf.

Juni
Juli Zeh wird mit dem *Förderpreis des Friedrich Hölderlin Preises* der Stadt Bad Homburg ausgezeichet. Die Laudatio hält Robert Menasse: »Juli Zeh hat nämlich einen Blick, der nichts fetischisiert, weder die Distanz, die man mitbringt, auch wenn man sie überbrückt, aber auch nicht die Unmittelbarkeit, von der man zu gern glauben möchte, dass man sie jetzt und hier zu erleben imstande ist. Wenn Juli Zeh sich identifiziert, dann immer auch sehr distanziert, und wenn sie Distanz empfindet, dann identifiziert sie sich mit dieser. Wenn sie sich über etwas nicht wundert, dann wundert sie sich darüber, und wenn sie sich wundert, dann wundert sie sich darüber erst recht. Diese sozusagen distanzierte Unmittelbarkeit ist das simple und zugleich größte Geheimnis von Literatur. In diesem Sinn ist ein Dichter zum Beispiel ein Mörder, wenn er einen Mörder beschreibt, und zugleich so wenig einer, wie man

Plakat DIN A1, Photo: Frank Neumann

dem Mörder ansieht, dass er einer ist. Dies, solches, führte bei mir lesend zu einer seltsam schönen Innigkeit mit der Autorin – die noch lange über die Lektüre hinauswirkte: Ich sehe mit ihren Augen so, dass ich meine, sie blicke mit meinen Augen. Unmittelbarkeit und Distanz. Diese Balance ist Kunst. Es gibt wahrlich wenig andere Parameter dafür, was Kunst ist. Sie können das leicht überprüfen: Sie müssen nur Juli Zeh lesen. Sie werden, auch wenn Ihnen fremd ist, was sie erzählt und beschreibt, lesen mit eigenen Augen. Das haben Sie schon lange nicht mehr getan.«

Auf der *Bestenliste* des Südwestrundfunks: Burkhard Spinnen, *Der schwarze Grat.*

Burkhard Spinnen erhält für *Der schwarze Grat* den *Herbert Quandt Medien-Preis 2003*. Der Preis fördert Journalisten und Publizisten, die durch ihre Arbeit Wirken und Bedeutung von Unternehmen und Unternehmern auf verständliche Weise einer breiten Öffentlichkeit näherbringen.

Arthur Phillips auf Pressereise in Deutschland, er stellt in Hamburg, Frankfurt am Main und München seinen Roman *Prag* der Kritik vor.

Inka Parei wird für einen Auszug aus ihrem neuen Roman mit dem *Ingeborg Bachmann-Preis* und dem *Publikumspreis* ausgezeichnet. Die Vorsitzende der Jury Iris Radisch: »Nicht nur der Mann stirbt, sondern auch wir verlieren die Welt, wie wir sie kennen. Alles, was an Sinnlichkeit vorkommt, ist so was von – mir bleibt der Atem stehen – genau und präzise gemacht. Das ist Kafka, obwohl es weicher und lyrischer ist. Man ist auf einer anderen Spur. Eine unglaubliche Leistung«, Ursula März: »Ich führe die literarische Notwendigkeit in die Diskussion ein. Dieser Texte hat sie. Hier wird etwas gesagt, was Wahrhaftigkeit besitzt.«

Juli
Das Unternehmermagazin *impulse* bewertet die wichtigsten »Business-Romane« und wählt Burkhard Spinnens *Der schwarze Grat* auf Platz 1 seiner »Top 5«.

August
Im Herbstprogramm neue Prosa von Margit Schreiner (*Heißt lieben*): »Es gibt Eröffnungssätze, die man nicht vergisst. Margit Schreiners kluge Prosa hat einen großen Vorzug: Sie bricht keine Tabus, sie hebt sie spielerisch auf« (Ulrich Weinzierl, *Die Literarische Welt*), »Nicht wenige Passagen machen beim Lesen betroffen und gehen unter die Haut. In *Heißt lieben* zieht Schreiner alle Register, sehr komplex und trotzdem leicht lesbar, spontan und sinnlich und zugleich scharfsinnig reflektiert« (Leopold Federmair, *Neue Zürcher Zeitung*), der Roman *Die letzte Hemmung* von Nadine Hostettler: »Nadine Hostettler erzählt knapp, rasch, anschaulich, in einer glanzlosen Alltagssprache, die gerade so viel Kolorit gibt, wie für die Parabel nötig ist. Dadurch wird sie weder nostalgisch, noch pflegt sie die in der neueren Schweizer Literatur so beliebte sozialgeschichtliche Kulissenmalerei« (Manfred Papst, *Neue Zürcher Zeitung*).
Arthur Phillips' Roman *Prag* begeistert Leser und Kritiker: »Lange geschah nichts, aber jetzt ist der große und wahrscheinlich nie mehr zu überbietende Amerikanische Expat-Roman tatsächlich erschienen, von Sigrid Ruschmeier glänzend ins Deutsche übersetzt« (Christoph Bartmann, *Süddeutsche Zeitung*), »Phillips ist mit seinem Roman nicht nur ein detailreiches Porträt der amerikanischen Boheme gelungen, er hat vor allem das Panorama eines kollektiven Bewusstseins gezeichnet und erweist sich als Meister des Fabulierens« (Eberhard Hübner, *Der Spiegel*),

»Ohne Zweifel der bislang gelungenste Versuch, die 89er zu verstehen, die keine 89er sein wollen. Arthur Phillips liefert das bislang luzideste Porträt der 89er Generation« (Wieland Freund, *Die Literarische Welt*).

Nach den großen Romanen von Paul Kornfeld, Martin Kessel, Rudolf Lorenzen und Dieter Meichsner setzt der Verlag die Reihe der Wiederentdeckungen großer Autoren des 20. Jahrhunderts mit der Neuausgabe von *Nichts in Sicht* von Jens Rehn fort: »Es ist kaum eine literarische Erzählung denkbar, die die Widersprüche des modernen Gottesdiskurses schärfer und anschaulicher darstellte. Und kaum eine Kriegserzählung, in der weniger vom Krieg und mehr vom Sterben zu sehen ist« (Ursula März, *Frankfurter Rundschau*), »Der Leser wird dem Bann des Buches verfallen. Er wird Stimmen hören, innere Stimmen vor allem; Monologe jenseits von Verzweiflung, Hoffnung, Angst. Jens Rehns Protokoll des Endes findet ohne Pathos statt, lakonisch, zynisch, radikal nur in der Demonstration der Nichtigkeit unserer zivilisatorischen Errungenschaften« (Iris Denneler, *Neue Zürcher Zeitung*).

Die Elizabeth Bowen-Ausgabe wird fortgesetzt, es erscheint als deutsche Erstausgabe der Roman *Die Fahrt in den Norden*: »Ein rasantes, mehr noch: ein subtiles Meisterverkehrswerk der englischen Moderne. Unterwegs hat uns die Lektüre dieser ungeheuren Abschiedserzählung so nachhaltig bewegt, daß wir in ihrem Windschatten noch lange nicht zu Atem kommen« (Tobias Döring, *Frankfurter Allgemeine Zeitung*), »Daß wir sie jetzt kennenlernen, verdanken wir dem Verlag Schöffling & Co.; soeben ist der dritte Band der Werkausgabe erschienen, wieder in der kongenialen Übersetzung von Sigrid Ruschmeier. *Die Fahrt in den Norden* ist ein Bowen-Roman vom Feinsten« (Margrit Irgang, SWR).

Von Rolando Sánchez Mejías erscheinen *Geschichten von Olmo*, Michael Assmann ediert die gesammelten Feuilletons von Ludwig Meidner: *Verteidigung des Rollmopses*.

Markus Orths erhält den *Förderpreis des Landes Nordrhein-Westfalen* für junge Künstlerinnen und Künstler des Jahres 2003 in der Sparte Literatur für seinen Erzählungsband *Wer geht wo hinterm Sarg?* sowie für seinen Roman *Corpus*.

Erstmals erscheint *Der literarische Gartenkalender*, herausgegeben von Julia Bachstein, mit farbigen Fotografien von Marion Nickig: »Wunderschön ins Bild gesetzt – eine Augenweide und ein liebenswerter Begleiter durchs Jahr« (*Garten & Wohnen*).

Margit Schreiner

Ulrich Sonnenberg

Burkhard Spinnen

Sonja Weber kommt in den Verlag, sie verstärkt die Presseabteilung und plant die Lesereisen der Autoren.

September
Margit Schreiners *Heißt lieben* steht auf Platz 2 der ORF-Bestenliste.

Oktober
Mit dem *Wirtschaftsbuchpreis 2003* zeichnen die *Financial Times Deutschland* und die *getAbstract* AG innovative Business- und Finanzbücher aus, den Spezialpreis der Jury erhält Burkhard Spinnen für *Der schwarze Grat*.

Rainer Vollmar übernimmt die Leitung Vertrieb und Marketing.

November
Die Literaturkommission der Stadt Zürich zeichnet Nadine Hostettler mit einem Werkjahr für ihren Roman *Die letzte Hemmung* aus.
Als herausragender Repräsentant einer bewußtseinsbildenden »Erinnerungsliteratur« wird Reinhard Kaiser mit dem *Niederrheinischen Literaturpreis* der Stadt Krefeld ausgezeichnet.

Plakat DIN A1, Zeichnung: Nikolaus Heidelbach

Dezember
Die persönliche Empfehlung der *Bestenliste* des Südwestrundfunks von Ursula März ist Jens Rehn, *Nichts in Sicht*: »Erschienen 1954, jetzt wiederveröffentlicht. Ein Roman über den Zweiten Weltkrieg, der diesen in einem einzigen minimalistischen Ausschnitt und gerade dadurch in gnadenloser Überschärfe zeigt: Ein deutscher U-Boot-Offizier und ein amerikanischer Flugzeugpilot treiben 1943 in einem Schlauchboot auf dem Atlantik, verdurstend, langsam krepierend. Geschrieben im ebenso gnadenlosen expressionistischen Sachlichkeitsstil. Man versteht schnell, warum Gottfried Benn den Roman außerordentlich schätzte.«
Franziska Gerstenberg wird mit dem *Rheinpfalz-Preis* für ihre Erzählung *Glückskekse* ausgezeichnet; Markus Orths erhält den *Limburg-Preis* für seine Erzählung *Kleinewelt*.

Nikolaus Heidelbachs Ansicht von Ida und Klaus Schöffling

2004

Januar

Juli Zeh wird mit dem *Ernst-Toller-Preis* ausgezeichnet. Die Laudatio hält Josef Haslinger.

In Stuttgart: Uraufführung von Margit Schreiners *Haus, Frauen, Sex.* mit Gerhard Polacek in der Hauptrolle.

In der *Frankfurter Rundschau* portraitiert Jamal Tuschick Verlag und Verleger: »Der Eindruck von Bärbeißigkeit überlebt den persönlichen Umgang mit dem Verleger nicht. Nie sieht man ihn ohne Zigarette, selten in Eile. Auf den Plätzen der Kultur schafft er sich stets sein eigenes Milieu, gleichermaßen mit separatistischen und geselligen Aspekten.«

Annette Schavan, Kultusministerin von Baden-Württemberg empfiehlt in der *Zeit* als »Mein Buch« die *Belgischen Riesen* von Burkhard Spinnen: »Das Beeindruckendste an dem Buch schien mir, wie gut es Burkhard Spinnen gelingt, sich in die Seelen von Kindern zu versetzen, gerade in solche Seelen, die damit konfrontiert werden, daß ihre Eltern sich trennen. Hier versucht ein Autor nicht, sich krampfhaft und aufgesetzt kindernah zu geben. Spinnen hat nicht vergessen, wie man sich fühlt, wenn man klein ist. Das ist einer der Gründe für den Charme des Buches, das sich auch hervorragend zum Vorlesen eignet.

Ich finde *Belgische Riesen* großartig, ich finde es bezaubernd. Für den Münsteraner Schriftsteller ist die Sprachfähigkeit die erste und wird die letzte Universalfähigkeit der Menschheit und des einzelnen Menschen sein. Sprache ist ihm universeller und existenzieller Schlüssel zur Welt.«

Februar

Auf der *Bestenliste* des Südwestrundfunks: Elizabeth Bowen, *Die Fahrt in den Norden.*

Im Foyer des Sendesaals des Hessischen Rundfunks präsentiert Reinhard Kaiser sein Buch *Unerhörte Rettung. Die Suche nach Edwin Geist*, zum ersten Mal waren

Michael Tetzlaff

Ror Wolf

Juli Zeh

drei Lieder von Edwin Geist zu hören, vorgetragen von Kolja Lessing (Violine) und David Pichlmaier (Gesang).

März

Wie viel Vögel, das Debut von Franziska Gerstenberg, wird zum Ereignis: »*Wie viel Vögel* ist ein exzellentes Debut mit poetisch genauen Momentaufnahmen aus dem neuesten Deutschland, aus jenen dürftigen Lebenszonen, in denen die Grenzen zwischen Ost und West bereits verwischt sind. Diese Erzählungen reiten nicht auf der Welle des Hauptstadtbooms und sind vom Prenzlauer Berg so weit entfernt wie von jeglichem modischen Schnickschnack. Sie handeln vom tagtäglichen Strampeln um den Luxus einer kleinen Anstellung oder einer erwiderten Liebe. Auch auf fremdem Terrain gelingen Franziska Gerstenberg leuchtende Bilder und funkelnde Wendungen, originelle Zeichen vom Lebensgefühl einer Generation – und von einem großen Talent« (Franz Haas, *Neue Zürcher Zeitung*), »Hut ab, was für ein Talent, was für ein Versprechen« (Uwe Wittstock, *Die Literarische Welt*), »Wo andere ihre Muskeln spielen lassen, tastet sie sich vorsichtig heran, zart beinahe und doch zielgerichtet. Geschichten, die nur eine Fünfundzwanzigjährige erzählen kann. Der Himmel über Leipzig ist nicht mehr geteilt« (Hubert Spiegel, *Frankfurter Allgemeine Zeitung*), »Sie ist eine Meisterin kleiner, perfider Rochaden, die sie oft schon in den Eröffnungssätzen der Erzählungen versteckt« (Meike Fessmann, *Der Tagesspiegel*), »Der neue Star am Literaturhimmel« (Gisa Funck, *tageszeitung*).

Es erscheint von Reinhard Kaiser *Unerhörte Rettung. Die Suche nach Edwin Geist*: »Für die Darstellung wählte Kaiser eine kluge Komposition und fand einen nüchternen, nachdenklichen Ton. Und doch ist jede Seite seines Buches von atemberaubender Spannung erfüllt, ohne daß der Autor der Versuchung nachgegeben hätte, dem beinahe unglaublichen Stoff und seinen Protagonisten noch durch romanhafte Gestaltungsmittel zuzusetzen« (Volker Breidecker, *Süddeutsche Zeitung*), »Die Suche nach der historischen Wahrheit entfaltet einen enormen Sog. Der Leser fiebert mit bei Geists Ringen um die Freilassung seiner Lyda« (Frederik Hanssen, *Der Tagesspiegel*), »Zwei Menschen mit all ihren Plänen, Wünschen, Hoffnungen, ihrem Ringen, mit Mut und Verzweiflung, vor allem mit ihrer großen Liebe zueinander, treten aus dem Dunkel ins helle Licht des Gegenwärtigen. Der Autor hat sich nicht mit den bekannten Berichten zufrieden gegeben, sondern sich auf eine mühevolle Spurensuche begeben und Verfälschungen entkleidet« (Sabine Neubert, *Neues Deutschland*), »Ein aufwühlendes Buch, das man lange nicht vergißt« (*Welt am Sonntag*). In vierter, leicht erweiterter Auflage erscheint Reinhard Kaisers *Königskinder*.

Das zweite Debut des Frühjahrs ist Michael Tetzlaff mit seinem *Ostblöckchen*: »Nicht nur für die Deutung diverser Kürzel beweist Michael Tetzlaff ein wahres Elefantengedächtnis, auch vom Aussterben bedrohte Wörter stehen nun für immer gerettet am Ufer der Literatur. Von unsterblich origineller Poesie« (Katja Lange-Müller, *Berliner Zeitung*), »Tetzlaff konterkariert die Ostalgie-Welle aufs Ironischste. Er fügt Thomas Brussigs *Sonnenallee*, Jens Sparschuhs *Zimmerspringbrunnen* und anderen satirisch-schelmenhaften Eulenspiegeleien einen eigenen, so sturen wie befreiten Blick auf die DDR hinzu« (Thomas Schaefer, *Der Tagesspiegel*).

Die Neuausgabe von Margit Schreiners Roman *Nackte Väter* erscheint.

In der Deutschen Bibliothek in Frankfurt am Main stellt der Verlag die Neuübersetzung von Henry Millers *Frankreich. Land der Erinnerung* vor, Eva Demski liest aus der Übersetzung von Heidi Zerning.

Einen Vorgeschmack auf das Jubiläum »10 Jahre Schöffling & Co.« bringt die Leipziger Buchmesse mit einer besonderen Lesereihe: im Kneipe-Bar-Restaurant-Café-Waschsalon »Magapon« lesen Franziska Gerstenberg, Burkhard Spinnen, Michael Tetzlaff und Juli Zeh – die Leipziger Messe hat einen neuen literarischen Treffpunkt.

April

Für das *Börsenblatt für den Deutschen Buchhandel* beantwortet Klaus Schöffling den Fragebogen:

Auf welche bevorstehende Begegnung freuen Sie sich am meisten?
Auf unsereVertretersitzung.

Ihre Lieblingsbeschäftigung?
Tolle neue Autoren finden.

Mit wem würden Sie gern für einen Tag den Platz tauschen?
Mit Marga Winkler.

Ihr Hauptcharakterzug?
Beharrlichkeit

Welche Gabe würden Sie gern besitzen?
Intelligenz stiften.

Welche unternehmerischen Leistungen bewundern Sie am meisten?
Das Gründen literarischer Verlage.

Ihr nächstes Ziel?
10 Jahre Schöffling & Co. als gelungene Inszenierung im Herbst.

Ihre Lieblingsautoren?
Die bei Schöffling & Co. verlegten natürlich, plus die drei neuen Autoren, die im nächsten Jahr hinzukommen ...

Welches Buch hat Sie besonders geprägt?
Gottfried Honnefelder »Der Brief im Roman«

Welches Buch haben Sie zuletzt gelesen?
Im Manuskript den neuen Roman von Juli Zeh: atemberaubend, unglaublich gut.
Als Buch: Katharina Hacker, »Eine Art Liebe«

Welches Buch würden Sie gern schreiben?
Die unerträgliche Leichtigkeit der Remission.

Welche Figur in einem Roman/Theaterstück würden Sie gern sein?
Belgischer Riese bei Burkhard Spinnen.

Ihr Lebensmotto?
»Langfristiger Umgang mit Autoren macht liebenswürdig.« (Ferdinand Sieger)

Mai
60. Geburtstag von Eva Demski. Der Verlag veranstaltet mit dem Hessischen Rundfunk und dem Tigerpalast Varieté Theater *Ein Fest für Eva Demski* im Sendesaal des Hessischen Rundfunks; es wirken mit: Joan Faulkner, Wolf Baron von Keyserling, Katja Lange-Müller, Oberbürgermeisterin Petra Roth, Marcel Reich-Ranicki, Elena Serafimovich, Burkhard Spinnen, Keto von Waberer, Juli Zeh. Staatsminister Udo Corts verleiht Eva Demski die *Goethe-Plakette des Landes Hessen* »für ihr kulturelles Engagement für Frankfurt, die Rhein-Main-Region und Hessen«. Zum Geburtstag erscheint *Von Liebe, Reichtum, Tod und Schminke*, Marcel Reich-Ranicki gratuliert in der *Frankfurter Allgemeinen Zeitung*: »Ich habe aus diesem Buch, in dem Lebenserfahrung, Intelligenz und eine elementare Ausdruckskraft eine selbstverständliche Einheit bilden, viel gelernt – über die Liebe, die so schön und so furchtbar sein kann, über den Reichtum, der Glück und Last ist, über den

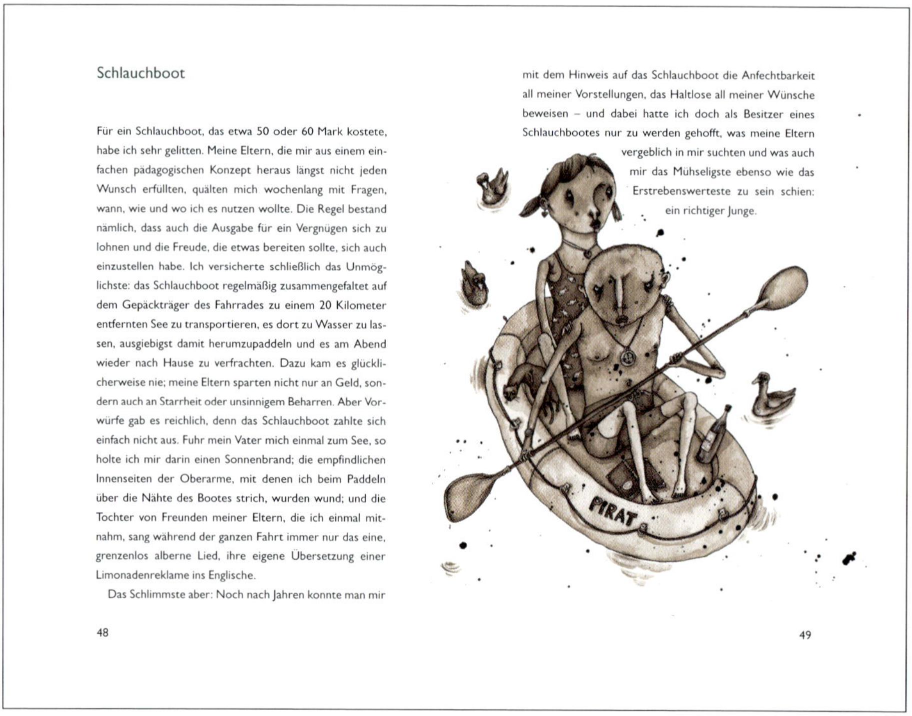
Schlauchboot

Für ein Schlauchboot, das etwa 50 oder 60 Mark kostete, habe ich sehr gelitten. Meine Eltern, die mir aus einem einfachen pädagogischen Konzept heraus längst nicht jeden Wunsch erfüllten, quälten mich wochenlang mit Fragen, wann, wie und wo ich es nutzen wollte. Die Regel bestand nämlich, dass auch die Ausgabe für ein Vergnügen sich zu lohnen und die Freude, die etwas bereiten sollte, sich auch einzustellen habe. Ich versicherte schließlich das Unmöglichste: das Schlauchboot regelmäßig zusammengefaltet auf dem Gepäckträger des Fahrrades zu einem 20 Kilometer entfernten See zu transportieren, es dort zu Wasser zu lassen, ausgiebigst damit herumzupaddeln und es am Abend wieder nach Hause zu verfrachten. Dazu kam es glücklicherweise nie; meine Eltern sparten nicht nur an Geld, sondern auch an Starrheit oder unsinnigem Beharren. Aber Vorwürfe gab es reichlich, denn das Schlauchboot zahlte sich einfach nicht aus. Fuhr mein Vater mich einmal zum See, so holte ich mir darin einen Sonnenbrand; die empfindlichen Innenseiten der Oberarme, mit denen ich beim Paddeln über die Nähte des Bootes strich, wurden wund; und die Tochter von Freunden meiner Eltern, die ich einmal mitnahm, sang während der ganzen Fahrt immer nur das eine, grenzenlos alberne Lied, ihre eigene Übersetzung einer Limonadenreklame ins Englische.

Das Schlimmste aber: Noch nach Jahren konnte man mir

48

mit dem Hinweis auf das Schlauchboot die Anfechtbarkeit all meiner Vorstellungen, das Haltlose all meiner Wünsche beweisen – und dabei hatte ich doch als Besitzer eines Schlauchbootes nur zu werden gehofft, was meine Eltern vergeblich in mir suchten und was auch mir das Mühseligste ebenso wie das Erstrebenswerteste zu sein schien: ein richtiger Junge.

49

Burkhard Spinnen, Lego-Steine

Tod, der uns mit allerlei Waffen naht, über die Schminke, die hier für den Kampf des Menschen gegen die Vergänglichkeit steht. Eva Demski, die gerade ihren sechzigsten Geburtstag feiert, sei herzlichst gratuliert und gedankt.« *Der Spiegel* meint: »Stets ist Eva Demskis Aufmerksamkeit so poetisch wie genau, mit allen Sinnen nachspürend und nie sentimental. Davor schützt sie schon ihre Spottlust, eine Neigung, die jene Bemerkungen zu einer Lesefreude macht, die zum Genre der Klage über Bildungsverlust, Freizeitwahn und Konsumgier zählen.«
Es erscheint *Lego-Steine. Kindheit um 1968* von Burkhard Spinnen, mit Zeichnungen von Kay Voigtmann: »Spinnen fängt die rätselhafte, sinnliche, bedrängende Welt der Kinder in wunderbaren Prosastücken ein. Er skizziert in klaren poetischen Sätzen eine rheinische Kindheit um 1968« (Uwe Wittstock, FOCUS).

Juni
Während der *Tage der deutschsprachigen Literatur* in Klagenfurt wird Arne Roß mit dem *Preis der Jury* für einen Auszug aus seiner Erzählung *Pauls Fall* ausgezeichnet, das Buch wird bei Schöffling & Co. erscheinen.
Silke Scheuermann, die für ihr Debut mit dem *Leonce-und-Lena-Preis* der Stadt Darmstadt ausgezeichnet wurde, kommt zu Schöffling & Co., in Vorbereitung für 2005 sind ein Band Erzählungen und der erste Roman.
Martin Gülich, 2003 mit dem *Thaddäus-Troll-Preis* ausgezeichnet (»In ungewöhnlicher Weise verbinden sich bei Martin Gülich die großen und ewigen Themen der Literatur – Liebe, Tod und Schuld – mit einer meisterhaft unprätentiösen sprachlichen Darstellung«, so die Begründung der Jury), übergibt dem Verlag das Manuskript seines dritten Romans, der 2005 erscheinen wird. Der Verlag übernimmt die Romane *Vorsaison* und *Bellinzona, Nacht.*
Beharrlich setzt der Verlag auf junge deutschsprachige Autoren: So werden 2005 neben neuen Büchern von Martin Gülich, Arne Roß und Silke Scheuermann der zweite Roman von Bettina Gundermann (*Lysander*) und das Debut des Südtirolers Christoph Pichler erscheinen.
Juli Zeh wird mit dem Stipendium *Inselschreiber Sylt* ausgezeichnet.

Juli
Nach zehn Jahren übernimmt Klaus Schöffling die Verlagsanteile von Eva Demski, er ist ab 1. Juli 2004 alleiniger Gesellschafter des Verlages.

August
Das Herbstprogramm, zugleich »Jubiläumsprogramm«, erscheint: neue Bücher von Paulus Böhmer (*Fuchsleuchten*), Elizabeth Bowen (*Kalte Herzen*), Margit Schreiner (*Die Eskimorolle*), Burkhard Spinnen (*Der Reservetorwart*), Juli Zeh (*Spieltrieb*), das schon vor Erscheinen mit dem *Literaturpreis Prenzlauer Berg* ausgezeichnete Debut von Jana Scheerer *Mein Vater, sein Schwein und ich* sowie die mit Fotografien von Rainer Groothuis versehene Neuausgabe von Ulrich Sonnenbergs *Hans Christian Andersens Kopenhagen* im Hinblick auf Andersens 200. Geburtstag am 2. April 2005.
Juli Zeh, David Finck und Oskar Terš edieren *Ein Hund läuft durch die Republik*, eine Anthologie mit Texten junger, in deutscher Sprache schreibender bosnischer Autoren, Julia Bachstein stellt das ultimative *Große Katzen-Lesebuch* zusammen.
Von August bis Dezember ist Juli Zeh Stipendiatin der Villa Decius in Krakau.

Oktober
Die Autoren des Verlages unterwegs: bei über 100 Lesungen und Verlagspräsentationen wird öffentlich und deutlich: »Im Mittelpunkt die Autoren.«
Der Verlag feiert: Während der Frankfurter Buchmesse fahren Autoren, Mitarbeiter und Freunde des Verlags auf der *M. S. Goethe* einen Abend lang auf dem Main.

November
Der *Förderpreis Literatur des Landes Niedersachsen* geht an Franziska Gerstenberg: »Mit dem Preis zeichnen wir eine noch junge Autorin aus, die mit ihrem Erzählungsband *Wie viel Vögel* ein viel beachtetes, eindrucksvolles Debut vorgelegt hat. Darin gelingt es ihr, den bundesdeutschen Alltag aus der Perspektive vor allem junger Menschen so präzise und eindringlich zu porträtieren, daß die Risse und Sprünge unter der oft glatten Oberfläche dieses Alltags nicht nur deutlich, sondern auch von ihren Ursachen und Wurzeln her verständlich werden. Die Beherrschung unterschiedlichster stilistischer Mittel, die kühle, detailgesättigte

Sprache sowie der souveräne Umgang mit sehr komplexen und gebrochenen Figuren lassen dabei ein großes Erzähl-Talent erkennen, von dem wir noch viele weitere herausragende Werke erwarten können.« (Kulturminister Lutz Stratmann in der Begründung der Jury)
Der *Kasseler Literaturpreis für grotesken Humor*, vergeben von der Stadt Kassel und der Stiftung Brückner-Kühner, wird an Ror Wolf verliehen.
In der Begründung des Stiftungsrates heißt es: »Ror Wolf hat dem Grotesk-Komischen eine exemplarische und gültige Form verliehen. Sein literarisches und graphisches Werk, eine raffinierte Verbindung von Leichtigkeit, Schwermut, Spiel, Ernst, Skurrilität, Lust, Spaß und Entsetzen, gestaltet sich in ästhetischer Vollendung immer wieder neu. Es ist Ror Wolf damit unbestritten und auf einzigartige Weise gelungen, auf seine Leser so zu wirken, wie er es für sein Schaffen vorgesehen hatte: in der ganzen Breite vom Überraschen und Erschrecken über das Unterhalten und Verwirren bis zum Lachen und zum Anregen der Phantasie.«
Im Frühjahrsprogramm 2005 erscheint das neue Prosabuch von Ror Wolf: *Raoul Tranchirers Bemerkungen über die Stille*.

Das
Jubiläums-
programm
Juli
Zeh
Spiel
trieb
Roman
Schöffling & Co.
Burkhard
Spinnen
Der Reserve-
torwart
Geschichten
Schöffling & Co.
Eva Demski
Von Liebe,
Reichtum, Tod
und Schminke
Schöffling & Co.
Jana
Scheerer
Mein Vater,
sein Schwein
und ich
Roman Schöffling & Co.
ELIZABETH
BOWEN
KALTE
HERZEN
Margit
Schreiner
Die
Eskimorolle
Paulus Böhmer
Fuchsleuchten
Herausgegeben von Juli Zeh,
David Finck und Oskar Terš
Ein Hund
läuft durch
die Republik
Ulrich Sonnenberg
Hans Christian
Andersens
Kopenhagen
Mit Fotografien
von Rainer Groothuis
Schöffling & Co.
Das große
KATZEN
Lesebuch
Schöffling & Co.
Im
Mittel-
punkt
die
Autoren
10
JAHRE
Schöffling & Co.

Im Mittelpunkt die Autoren
PAULUS BÖHMER
ELIZABETH BOWEN
EVA DEMSKI
BRIGITTE DOPPAGNE
JENNIFER EGAN
FRANZISKA GERSTENBERG
KLAUS HENSEL
NIKOLAUS HEIDELBACH
NADINE HOSTETTLER
REINHARD KAISER
MARTIN KESSEL
PAUL KORNFELD
RUDOLF LORENZEN
ELSEMARIE MALETZKE
CARSON McCULLERS
DIETER MEICHSNER
HENRY MILLER
HELGA M. NOVAK
MARKUS ORTHS
INKA PAREI
ARTHUR PHILLIPS
JENS REHN
PETER SAGER
JANA SCHEERER
MARGIT SCHREINER
ULRICH SONNENBERG
BURKHARD SPINNEN
MICHAEL TETZLAFF
ROR WOLF
JULI ZEH
10 JAHRE
Fotonachweise von links oben nach rechts unten: Privat, Angus McBean, Isolde Ohlbaum, Rainer Dahmen, Marion Ettlinger, Jörg Gläscher, privat, privat, R. Jungi, Anita Schiffer-Fuchs, DLA Marbach, DLA Marbach, L. Haslem, Robert Schuler, Louise Dahl-Wolfe, Elfriede Liebenow, Henry Miller Estate, Renate von Mangoldt, Carolin Goersch, Isolde Ohlbaum, Peter Turnley, DLA Marbach, Dirk Reinartz, Renate von Mangoldt, Isolde Ohlbaum, Rainer Groothuis, Isolde Ohlbaum, Georg Kumpfmüller, privat, David Finck.
Schöffling & Co.

Schöffling & Co. 1994–2004

Bibliographie

Die Bibliographie erfaßt sämtliche Titel, die seit Gründung von Schöffling & Co. erschienen sind, einschließlich aller Nachauflagen, Sonderausgaben und Übernahmen aus anderen Verlagen.
Die Bibliographie ist alphabetisch nach Autorennamen geordnet, die einzelnen Titel eines Autors ebenfalls alphabetisch, bestimmte oder unbestimmte Artikel wurden nicht berücksichtigt.
Lizenzausgaben werden nur mit ihrer ersten Auflage aufgeführt in der Reihenfolge: Taschenbuch, Buchgemeinschaft, Auslandslizenzen, diese sind nach Erscheinungsjahren aufgeführt.
Geplante, aber noch nicht erschienene Lizenzausgaben wurden mit dem Hinweis ›in Vorbereitung‹ aufgenommen.
Nicht aufgenommen wurden die Lizenzen für die Blindenhörbücherei, die für zahlreiche Titel vereinbart wurden.
Abkürzungen: DEA = Deutsche Erstausgabe; EA = Erstausgabe
Redaktionsschluß war am 1. August 2004.

Peter Altenberg
Sommerabend in Gmunden
Szenen und Skizzen zwischen Semmering und Salzkammergut
Herausgegeben von Burkhard Spinnen. 1997.
Der Sommer/Weshalb ich nicht aufs Land gehen kann/Sommerreise/Erinnerung/Landpartie/Der Ort K. nächst Wien/Baden bei Wien/Nachmittag in den Badener städtischen Anlagen oberhalb des Kurparkes/Wirkliches Märchen/Landgasthaus/Die »Gelsen«/Das Waldhotel/Landeindrücke/Das Reisen/Die Königswiese in der Vorderbrühl/Landpartie und die Liebe/Alm/Ereignis/Heimat/Die Kinderzeit/Die Kindheit/Erinnerung/Knofeleben/Sommerabend in Gmunden/Der Landungssteg/Verzauberte Prinzessin/See-Ufer/- Zwölf/- Die Natur/- Fünfundzwanzig/- Fünfunddreißig/- Roman am Lande/- Sanct Wolfgang/See-Ufer 1903/Wolfgang-See/Die Glücklichsten/Konditorei im Seestädtchen/Luftveränderung/Mein Gmunden/Angenehme Reise-Eindrücke/Semmering-Photogravüren/Semmering/Winter auf dem Semmering/Nachwinter/Vor-Vorfrühling/Ostermontag auf dem Semmering/Mein grauer Hut/Moderne Hotelleitung/Stammgäste/Erlebnis/Besuch/Wagenpartie/Fahrt/Preisklettern/Wintersport/Interessante Alpenpflanzen/Forellenfang/Wintersport/Sport/Herbst am Semmering/Rückkehr vom Lande/At Home/Editorische Notiz/Werk- und Abkürzungsverzeichnis/Quellenverzeichnis/Nachwort
124 Seiten. Gebunden
ISBN 3-89561-559-5

Peter Altenberg
Wiener Geschichten
Herausgegeben von Burkhard Spinnen. 1995.
So wurde ich/Die Maus/Zimmereinrichtung/Das Personal/Das Hotel-Stubenmädchen/Jause/Lift/Die Kontrolle/Blumen-Corso/Volksgarten-Jungfräulichkeit/Im Volksgarten I/Im Volksgarten II/Stadtgärten/Wiens Hygiene/Kaffeehaus/Regeln für meinen Stammtisch/Die Mitzi/Die Post-Novize/Das Schreibmaschin-Fräulein/Locale Chronik/Die Bonne/Dienstboten/Erlebnis/Tramway-Szene zehn Uhr nachts Baden-Wien/Infektion/Der Tag des Reichtums/Der Spazierstock/

Über Schreibfedern/Die Kundschaft/Der Fortschritt/Eisenhandlung. Wien/ Japanisches Papier, Pflanzenfaser/PA-Kollier/Musterschutz/Pleite/Romantik der Namen/Die Donauinsel »Gänsehäufel«, Strandbad bei Wien/Fahrt/Sonnenuntergang im Prater/Baden bei Wien im Frühling/Rückkehr vom Lande/Weshalb ich nicht aufs Land gehen kann/Venedig in Wien/Café de L'Opéra (im Prater)/ Costüme-Ball im Wiener Künstler-Hause/Gregory-Truppe/Unser Opernhaus/ Kinematograph-Theater/Etablissement Ronacher/Sommernacht in Wien/Nachtcafé/Fünf-Kreuzer-Tanz/Café-Chantant/In einem Wiener »Puff«/Der Trattnerhof/Erinnerung/Die Kindheit/Im Stadtpark/Ort Altenberg/Editorische Notiz/ Werk- und Abkürzungsverzeichnis/Quellenverzeichnis/Nachwort
124 Seiten. Gebunden
ISBN 3-89561-542-0

2. Auflage 1995
3. Auflage 1997
4. Auflage 2001

Peter Altenberg
Wiener Nachtleben

Herausgegeben von Burkhard Spinnen. 2001.
Über das »Drahn«/Künstlerfest/Erlebnis/Reporter und Dichter/Nach dem Balle/ Theater-Abend/Moulin Rouge, »Venedig in Wien«/Peter Altenberg/Ronacher, Variétébesprechung/Der Trommler Belin/Apollotheater/Seelöwen/Episode/ Berühmtheit/Tabarin/Vergnügungslokal/Die Reifenkünstler/Stammtisch/Bei Buffalo Bill/Meine Korrespondenz/Amerikanische Keulenwerfer/Rheingold/ Kabarett »Fledermaus«/Gespräch/Myosa/Erlebnis/Yvette Guilbert/Heldin/Der »Koberer« (Kuppler)/Britische Tänzerinnen/Gartentheater in der »Kunstschau«/ Tanz/Die Auffassung/La Zarina/Brief an Mitzi von der »Lamingson-Truppe«, Dänin/Brief einer englischen Tänzerin aus Rom an Peter/Ein Geschäft/Kabarett »Fledermaus«/Journalistik/Fluch der Schönheit/Aus der »Briefsammlung P. A.«/ Cleo de Mérode/Artistische Rundschau, Wien/Tope/Das Kino/Meine Films/- Restaurant Prodromos/Trinkgelder/Kabarett »Fledermaus«/Variété-Nummer 15,

nach 10 Uhr abends/Gussy Holl/Luci-fer, Licht-Bringer/Café Capua/Der Brand/Nächtliche Szene/Absinth »Schönheit«/So sollte es immer sein/Das Hotelzimmer/Editorische Notiz/Werk- und Abkürzungsverzeichnis/Quellenverzeichnis/Nachwort
120 Seiten. Gebunden
ISBN 3-89561-576-5

Das Bärenbuch
Herausgegeben von Julia Bachstein
[Mit Zeichnungen von Konstanze Berner]
Umschlagzeichnung von Wolf Erlbruch. 1994.
Burkhard Spinnen, Rheinische Bärenfabel/Bernd Jentzsch, Ein Streifzug der Tiere/Peter Härtling, An eine geschätzte Person/Heinrich von Kleist, Außerordentliches Beispiel von Mutterliebe bei einem wilden Tiere/Elsemarie Maletzke, Miss Miles und ihr Koala/Marie Luise Kaschnitz, Eisbären/Günter Bruno Fuchs, Ein Bär geht zum Bahnhof/Reinhard Kaiser, In Gegenwart alter Bären/Joachim Ringelnatz, Es trafen sich von ungefähr/Burgbär als Bettvorleger/Brüder Grimm, Schneeweißchen und Rosenrot/Wolf-Dieter Storl, Der Krösus des Tierreichs/Eva Demski, Beerenlese/Ambrose Bierce, Der Bär im Lasso/Klaus Modick, Scharlachgeschichte/Peter F. Weber, Die Bären sind los/Bärensache, Ehrensache/Günther Nenning, Der Mensch muß ein Bär sein/Alain Claude Sulzer, Stumme Trauer/Grandville, Der Bär/Randale um Gummibärchen/Wolf-Dieter Storl, Mutzopolis – Die Bärenstadt Bern/Esther Scheidegger, Postheiris Bärentänze/Andrea Simmen, Die Zunge/Bären als Nebenkläger/Evelyn Waugh, Sebastian und Aloysius/Irmela Brender, Von Janko, den Bären und dem Elend aller Kreatur/Mascha Kaléko, Der Polarbär mit Schlußgebet/Hans Pleschinski, Wunden heilen/Uli Becker, Die Große Weiße Hoffnung/Jochen Schimmang, Vom Bärendienst/Robert Wolfgang Schnell, Sind die Bären glücklicher geworden?/Joachim Ringelnatz, Bär aus dem Käfig entkommen/Eva Demski, in memoriam erich 1989/
Nachweise
256 Seiten. Gebunden
ISBN 3-89561-700-8

Lizenzausgaben:
Frankfurt am Main: Fischer Taschenbuch Verlag (= Fischer Taschenbuch 12972)
Augsburg: Weltbild 2004 [andere Textzusammenstellung]

Robert Barnard
Emilys Erbe
Roman
Aus dem Englischen von Hans J. Schütz. 1996.
[*The case of the missing Brontë*. New York: Charles Scribner's Sons 1983]
272 Seiten. Gebunden
ISBN 3-89561-140-9

Lizenzausgabe:
Augsburg: Bechtermünz 1998

Paulus Böhmer
Fuchsleuchten
Gedichte. 2004.
144 Seiten. Gebunden
ISBN 3-89561-127-1

Paulus Böhmer
Kaddish I–X
2002.
348 Seiten. Gebunden
ISBN 3-89561-126-3

Isabel Bolton
Mary und Grace
Aus dem Amerikanischen von Hannah Harders. 2000.
200 Seiten. Gebunden
[*Under Gemini. A memoir.* South Royalton: Steerforth Press 1999. EA: New York: Harcourt, Brace & World 1966]
ISBN 3-89561-071-2

Isabel Bolton
Wach ich oder schlaf ich
Roman
Aus dem Amerikanischen von Hannah Harders. 1999.
[*Do I Wake or Sleep*. In: Isabel Bolton, *New York Mosaic*. Three Novels. South Royalton: Steerforth Press 1997. EA: London: Chapman & Hall 1947]
216 Seiten. Gebunden
ISBN 3-89561-070-4

Lizenzausgabe:
München: List 2001 (= List Taschenbuch 60046)

George Borrow
Wildes Wales
Ausgewählt und aus dem Englischen übersetzt von Sigrid Ruschmeier. 1998.
[*Wild Wales.* Oswestry: Gallery Books 1988. EA: London: John Murray 1862]
Wildes Wales – Land der Kämpfer und Dichter – Der streitbare Engländer/Llangollen – Dinas Bran – Der listige Mäher – Alter keltischer Haß/Der calvinistische Weber – Pontcysyllte – Angeln/Der Stuhl des Barden Huw Morris – Wahre Liebe zur Poesie/Caernarfon – Snowdon – Drei bornierte Engländer/Tad y mam – Reines Walisisch – Reisender mit Geld in der Tasche/Die irischen Schnitter – Grabhügel des Grauen Riesen/Das Paar aus Wrexham – Sycharth – Owen Glendower/Ein barscher alter Bursche – Wirtshausbalgerei – Grab von Huw Morris – Der fluchende Pferdejunge/Merthyr Tydfil – Der glühende Berg – Quäker
132 Seiten. Gebunden
ISBN 3-89561-563-3

Elizabeth Bowen
Die Fahrt in den Norden
Roman
Aus dem Englischen von Sigrid Ruschmeier. 2003.
[*To the North*. London: Vintage 1999. EA: London: Gollancz 1932. DEA: Köln: Schaffrath 1948]
480 Seiten. Gebunden
ISBN 3-89561-242-1

Lizenzausgaben:
Reinbek: Rowohlt Taschenbuch (in Vorbereitung)
Rheda-Wiedenbrück: Bertelsmann Club 2004

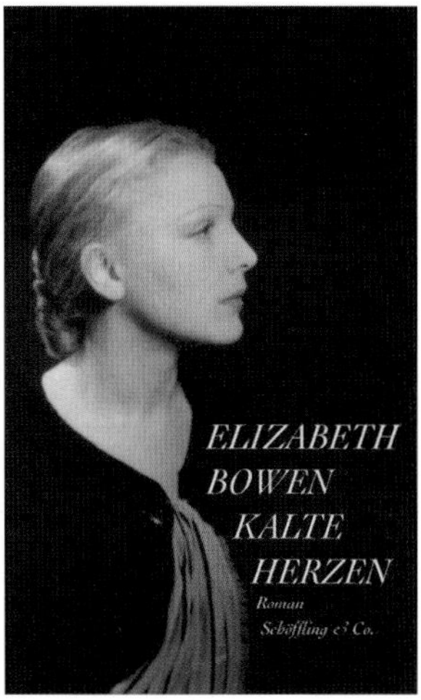

Elizabeth Bowen
Das Haus in Paris
Roman
Aus dem Englischen von Sigrid Ruschmeier. 2002.
[*The House in Paris*. London: Vintage 1998. EA: London: Gollancz 1935. DEA: Berlin: Hera 1947]
408 Seiten. Gebunden
ISBN 3-89561-241-3

Lizenzausgabe:
Reinbek: Rowohlt 2005 (= Rowohlt Taschenbuch 23637)

Elizabeth Bowen
Kalte Herzen
Roman
Aus dem Englischen von Sigrid Ruschmeier. 2004.
[*The Death of the Heart*. London: Vintage 1998. EA: London: Gollancz 1938. *Deutsche Erstausgabe*]
472 Seiten. Gebunden
ISBN 3-89561-243-X

Elizabeth Bowen
Der letzte September
Roman
Aus dem Englischen von Sigrid Ruschmeier. 2001.
[*The last September*. London: Vintage 1998. EA: London: Constable 1929.
Deutsche Erstausgabe]
424 Seiten. Gebunden
ISBN 3-89561-240-5

Lizenzausgabe:
Reinbek: Rowohlt 2004 (= Rowohlt Taschenbuch 23636)

Andrea Claßen
Last Minute
Roman. 1999.
324 Seiten. Gebunden
ISBN 3-89561-201-4

Lizenzausgabe:
München: Ullstein 2001 (= Ullstein Taschenbuch 25034)

Andrea Claßen
Lauter Männer zum Verlieben
Roman. 1997.
324 Seiten. Gebunden
ISBN 3-89561-200-6

Lizenzausgaben:
München: Droemer 1999 (= Knaur Taschenbuch 60834)
Rheda-Wiedenbrück: Bertelsmann Club 1998
Vilnius: Alma Littera 2002

Eva Demski
Land & Leute
1994.
Land: Das alte Ghetto von Venedig/Eine venezianische Oper: Das Hotel Fenice/Traurige Tropen/Tausend ganz einfache Freuden/Mein imaginäres Museum/Glück in Berlin/Das bescheidene Elsaß/Frau Donau/Am Main/Das verlorene Paradies
Leute: Die Entfärbung der Welt/Wie in einem fremden Land/Der Hund ist klüger als du/Zwei Frauen: Vita Sackville-West und Violet Keppel/Herrin der Mörder: Agatha Christie/Das verkannte Genie: Henry Clews/Der königliche Dilettant: Prinz Charles/Ein deutscher Traum: Soraya/Mit ihren Augen: Gisèle Freund/Ein gelassener Kämpfer: Ignatz Bubis/Der letzte Klabautermann: Fritz Graßhoff/Objekt der Begierde/Rund wie die Erde/Plädoyer für die Mittelmäßigkeit
352 Seiten. Gebunden
ISBN 3-89561-000-3

Eva Demski
Lesbos
Sappho und ihre Insel. 2000.
Das Platanenblatt/Überall Götter/Eichen im Gebirg/Eros mein Bote/Heimatmuseum/Belagerungen/Die Spatzen der Aphrodite/Der erfundene Wald/Meiner wird man gedenken
128 Seiten. Gebunden
ISBN 3-89561-573-0

[= 2. Auflage 2000 von *Das Meer hört zu mit tausend Ohren*]

Eva Demski
Mama Donau
2001.
Sie hat es eilig/Kommt eine Fremdlingin sie/Ausflüge und Nebenflüsse/Das Gedächtnis schwimmet nach oben/Flußgesellschaft/Im Theater gefangen/Grad bei Dürnstein/Die lakierte schöne Frau/Blue Danube/Tibor Dérys Donau/Das alte Bett der Donau/Die Prinzessin fährt nicht nach Constanta
152 Seiten. Gebunden
ISBN 3-89561-574-9

Eva Demski
Das Meer hört zu mit tausend Ohren
Sappho und die Insel Lesbos. 1995.
Das Platanenblatt/Überall Götter/Eichen im Gebirg/Eros mein Bote/Heimatmuseum/Belagerungen/Die Spatzen der Aphrodite/Der erfundene Wald/Meiner wird man gedenken
128 Seiten. Gebunden
ISBN 3-89561-543-9

Lizenzausgabe:
Schwäbisch Hall: Steinbach Sprechende Bücher 1999

Eva Demski
Das Narrenhaus
Roman. 1997.
448 Seiten. Gebunden
ISBN 3-89561-001-1

Lizenzausgaben:
München: Piper 1999 (= Serie Piper 2685)
München: Deutscher Taschenbuch Verlag (in Vorbereitung)
Peking: Schriftsteller-Verlag (in Vorbereitung)

Eva Demski
Scheintod
Roman. 2000.
[EA: München: Hanser 1984]
400 Seiten. Gebunden
ISBN 3-89561-003-8

Lizenzausgabe:
München: Piper 2002 (= Serie Piper 3430)

Eva Demski
Venedig – Salon der Welt
Achtzehn Stücke mit Begleitung. 1996.
128 Seiten. Gebunden
ISBN 3-89561-546-3
Mit Eleonora Duse/Mit Peggy Guggenheim/Mit Barnabé/Mit Lord Byron/Mit Uli Spiegel/Mit Sara Copia Sullam/Mit Klaus Lindemann/Mit E.T.A. Hoffmann/Mit Familie Käsebier/Mit Guiseppe Verdi/Mit Christoph Derschau/Mit Muriel Spark/Mit Thomas Mann/Mit Annunziata X./Mit Joseph Brodsky/Mit einem Maler aus Ferrara/Mit Clarence/Mit Goethe

2. Auflage 1997
3. Auflage 2000

Lizenzausgabe:
Taipei: Sunbright 2000

Eva Demski

Von Liebe, Reichtum, Tod und Schminke

2004.

Liebeserklärung/Käthe oder die versetzten Berge/Beerenlese/Als das Eisen seinen Frieden machte/Gute alte Zeit/Über erfüllte und unerfüllte Liebe/Pas de deux/ Salomo und die Mädchen/Sich und der Welt etwas schenken/Vom schnöden Mammon/Erbfolgen/Der letzte Auftritt/Es ist ein Schnitter/Lebenslange Arbeit/ »O tempora! O mores!«/Das kleine Schwarze/Textilekel

280 Seiten. Gebunden

ISBN 3-89561-004-6

2. Auflage 2004

Lizenzausgabe:

München: Deutscher Taschenbuch Verlag (in Vorbereitung)

Eva Demski
Zettelchens Traum
oder »Warum sollte der Mensch nicht sein Geheimnis haben? Oder ein Tagebuch?«
Frankfurter Vorlesungen. 1999.
Zettelchens Traum/Pracht und Elend des Alltäglichen/Papierschiffe und Papierflieger. Über Reisetagebücher/Dunkle Seiten/Von der Liebe
164 Seiten. Kartoniert
ISBN 3-89561-002-X

Vivant Denon
Nur diese Nacht
Anatole France
Baron Denon
Reinhard Kaiser
Nur dieses Buch
Aus dem Französischen von Reinhard Kaiser. 1997.
[*Point de lendemain*. In: *Romançiers du XVIIIe siècle*. Band II. Paris: Gallimard 1965. *Baron Denon/Le baron Denon*. In: Anatole France, *Œuvres complètes*. Band VII. Paris: Calmann-Lévy 1926.]
112 Seiten. Halbleinen
ISBN 3-89561-631-1

Brigitte Doppagne
Der Nachtgast
Roman. 1998.
216 Seiten. Gebunden
ISBN 3-89561-230-8

Lizenzausgabe:
München: Heyne 2000 (= Diana Taschenbuch 0083)

Brigitte Doppagne
Von Brügge nach Gent
Eine Reise durch Flandern. 2003.
Kanäle, Kunst und Kaufleute – Über Brügge/Schlittschuhlaufen mit Maria von Burgund – Mehr über Brügge/Die Leidenschaften des Monsieur Lannoy: Das »Oud Tegelhuis« in Brügge/Ikarus und Dädalus in Lissewege/Oh là là, chocolat! Kleine Geschichte der belgischen Schokolade/Thyl Ulenspiegel und Lamme Goedzak machen in Damme ein Picknick/Wilder Wein und Holpergassen: Die flandrischen Beginenhöfe/Handel, Händel und Händler: Gent/Drei Gärten in Gent: Natura non morta – Der Botanische Garten/Buchs, Buchs, Buchs, Buxifolie: »Het Pand«/Kräuter und Kreuzgang: Der Garten der Sint-Pieters-Abtei/Parkkonzert für Albert den Ersten: Der königliche Genter Süden/Drei Grafen, ein Hund und das Ende eines Trauerspiels: Schloß Ooidonk/Skizzen: Van Eyck, Memling, Ensor/Wiesengrün und Buschgrün – Deurle, Sint-Martens-Latem und das Leieland/Von Lord Byron bis Irmgard Keun: Exilanten und Emigranten in Flandern
168 Seiten. Gebunden
ISBN 3-89561-581-1

Daphne du Maurier
Mein Cornwall
Schönheit und Geheimnis
Aus dem Englischen von N. O. Scarpi. 1997.
[*Vanishing Cornwall*. London: Penguin Books 1972]
Prolog/Ursprünge und Zugänge/Auf den Spuren von Artus und von Tristan/Das Klima/Die »Hundreds« von Cornwall und die Madron-Quelle/Die Sage von Penrose/Die »Hohe Küste« und der »Lizard«/Der Klein-Adel von Cornwall/Die »Zinner«/Exzentriker/Moore und Lehmgruben/Häfen und Heringe/Freibeuter
172 Seiten. Gebunden
ISBN 3-89561-560-9

2. Auflage 1999
3. Auflage 2001

Lawrence Durrell
In der Provence

Aus dem Englischen von Anne Steeb-Müller. 1998.
[*Caesar's Vast Ghost. Aspects of Provence*. (Auswahl). London: Faber and Faber 1990. *Deutsche Erstausgabe*]
Einführung/Hinter Valence/Taufe/Stierkult/Caesars unermeßlicher Geist/Amme und Liebchen der Wegscheide/Frauen in der Provence
144 Seiten. Gebunden
ISBN 3-89561-564-1

Jennifer Egan
Emerald City

Stories. Aus dem Amerikanischen von Sigrid Ruschmeier. 2000.
[*Emerald City*. New York: Nan A. Talese/Doubleday 1996]
Warum China?/Sacred Heart/Emerald City/Die Stylistin/Ein richtiges Teil/Der Uhrentrick/Bedürftig sind wir alle/Puerto Vallarta/Spanischer Winter/Brief an Josephine/Mondschwestern.
232 Seiten. Gebunden
ISBN 3-89561-221-9

Lizenzausgabe:
München: Piper 2002 (= Serie Piper 3429)

Jennifer Egan
Die Farbe der Erinnerung

Roman. Aus dem Amerikanischen von Günter Ohnemus. 1999.
[*The Invisible Circus*. New York: Nan A. Talese/Doubleday 1995]
544 Seiten. Gebunden
ISBN 3-89561-220-0

2. Auflage 1999

Lizenzausgaben:
München: Piper 2001 (= Serie Piper 3145)
München: Piper 2003 (= Serie Piper 3750)
Rheda-Wiedenbrück: Bertelsmann Club 2000

Jennifer Egan
Look at Me
Roman. Aus dem Amerikanischen von Gabriele Haefs. 2002.
[*Look at Me*. New York: Nan A. Talese/Doubleday 2001]
540 Seiten. Gebunden
ISBN 3-89561-222-7

2. Auflage 2002

Lizenzausgabe:
München: Piper 2004 (= Serie Piper 4056)

John Espey
Die neun Leben des Katers Algernon
Aus dem Englischen von Gabriele Haefs
Mit [farbigen] Photographien von Heiko Neubert. 2000.
[*The Nine Lives of Algernon*. Santa Barbara: Capra Press 1988]
132 Seiten. Gebunden
ISBN 3-89561-172-7

Sebastian Faulks
Gesang vom großen Feuer
Roman. Aus dem Englischen von Klaus Modick. 1997.
[*Birdsong*. London: Hutchinson 1993]
608 Seiten. Gebunden
ISBN 3-89561-640-0

2. Auflage 1997

Lizenzausgaben:
München: Goldmann 1999 (= Goldmann Taschenbuch 44378)
München: Goldmann 2000 (= Goldmann Taschenbuch 44943)
Frankfurt am Main: Büchergilde Gutenberg 1998
Rheda-Wiedenbrück: Bertelsmann Club 1998

Sebastian Faulks
Das Mädchen vom Lion d'Or
Roman. Aus dem Englischen von Susanne Lange. 1998.
[*The Girl at the Lion D'Or*. London: Hutchinson 1989]
352 Seiten. Gebunden
ISBN 3-89561-641-9

Lizenzausgaben:
München: Goldmann 2000 (= Goldmann Taschenbuch 44638)
Frankfurt am Main: Büchergilde Gutenberg 1999

Fritz Rudolf Fries
An der Ostsee

Unterwegs in Mecklenburg. 1995.
[Die Erstausgabe erschien unter dem Titel *Seestücke* 1973 im Hinstorff Verlag in Rostock; dieser veränderten Ausgabe liegt die vierte Auflage der *Seestücke* von 1983 zugrunde.]
Anfahrten/Dienst zur See/Marinis Insel (1)/Ein Mann am Wege: Barlach in Güstrow/Wismar/Insel Poel/Marinis Insel (2)/Was Marie unterwegs vorgab zu lesen/Urbem Roztoc. Mutmaßungen/Die Kogge/Ansicht von Frau K./Japan in Mecklenburg/Neptun im Kabutzenhof/Bäderreisen/Lütten Klein/Banane, yes, Banane/Der Australier/Wie das Meer entstanden ist/Verschwindet die Ostsee?/Stralsund: 1. Zimmersuche oder Der Mord von Stralsund/2. Im Fisch/3. Zeitunglesen oder Die Bürgschaft/Die Jungfrau von Stubbenkammer/Das Ende von Marinis Insel/Hiddensee/Annäherung C. D. F.
144 Seiten. Gebunden
ISBN 3-89561-545-5

Max Frisch
In Amerika

Herausgegeben von Volker Hage. 1995.
Unsere Arroganz gegenüber Amerika/Begegnung mit Negern/Und trotzdem ist es eine betörende Stadt/Dieses unabsehbare Beet von elektrischen Blumen/Nice to see you/Lunch im Weißen Haus/Nachtrag zur Reise/Ein Psychiater-Sessel/Vorkommnis/Demonstrationen/Women's Liberation/Man erwacht, geht auf die Straße und überlebt. Das macht fröhlich./Wall Street/Diese Leichte der Wolkenkratzer im blauen Dunst/School of the Arts/Es ist ein Land der Denkfreiheit .../Brownsville/Für Freiheit und Anstand und Moral/Dankbarkeit wechselseitig/

Diese Tapferkeit des Chlorophylls!/Did you have a good time?/Nachbemerkung/
Nachweise
152 Seiten. Gebunden
ISBN 3-89561-544-7

2. Auflage 2000

Werner Fuld
Paganinis Fluch
Die Geschichte einer Legende
Mit zahlreichen Abbildungen. 2001.
276 Seiten. Gebunden
ISBN 3-89561-606-0

Lizenzausgaben:
Reinbek: Rowohlt 2003 (= Rowohlt Taschenbuch 23305)
Darmstadt: Wissenschaftliche Buchgesellschaft 2001
Seoul: Sigongsa Publishing House 2003
Tallinn: Olion Publishers 2003
Budapest: Európa Könyvkiadó 2004
Taipei: Asian Culture (in Vorbereitung)
Riga: Daugava (in Vorbereitung)

Werner Fuld
Von Katzen und anderen Menschen
Mit Illustrationen von Gottfried Müller. 1999.
104 Seiten. Gebunden
ISBN 3-89561-703-2

Lizenzausgaben:
München: Goldmann 2000 (= btb 72700)
Augsburg: Weltbild 2004

Wilhelm Genazino
Achtung Baustelle
1998.
1. »Ich sehnte mich danach, den Schrank schrumpfen zu sehen …«/»Der Mensch von 1950: Er fickte und las Zeitungen.«/»Die Liebe aber ist unwiderstehlich.«/»Vogerlsalat grüßt«/»Ich lese auf meinem Zimmer Proust, fresse dazu Marzipan.«/»Ich weiß von nichts, wie diese Dächer.«/»Herr, gib ihnen die ewige Ruhe nicht.«/»Das selbständig denkende und handelnde Individuum wird ausgelöscht werden.«/»Kultur ist Müll, und Kunst, einer ihrer Sektoren doch ernst als Erscheinung der Wahrheit.«/»Ziehen wir uns nicht morgens an, um uns abends wieder auszuziehen?«/»Meine Existenz beruht in ihrer Möglichkeit darauf, daß ich nicht daran erinnert werde, wie ich lebe.«/»Diese Schrift ist widerwillig zu dem Schluß gelangt, daß wir den Untergang des Schreibens zu erwarten haben –«/»Die Toten sind milde zu uns.«/»Bevor man es nicht geschafft hat, in einem Zimmer zu leben, kann man nicht hinausgehen und kämpfen.«/»Das lebhafte Getümmel der Stadt und die großen, steinernen Häuser befremdeten ihn angenehm.«/»Das Sich-Unterscheiden von anderen muß von diesen anderen anerkannt sein.«/»Wenn du lange genug sitzen bleibst und schaust, zwei oder drei Stunden zum Beispiel, dann siehst du den Tod.«/»Ich gehöre diesem Gesindel an.«/»Es gibt nur eine Wahl: die zwischen Gemeinschaft und Untergang, und wir

müssen uns entscheiden.«/»Oh, wir wissen es nicht!«/»Unbeargwöhnt und todbringend wie die Pest schritt er durch das Menschengewühl der Straße.«/»Auf der untersten Stufe, wo der Mensch sich anfängt ...«/»Wahr ist das Meer, wahr sind die Berge, die Felsen, wahr ist ein Grashalm.«/»Und was soll ich anfangen, um meinen Unsinn los zu werden?«/»Kätzchen, mein Meerrettich geht unter.«/»Dieses im besorgenden Umgamg umsichtig vorweg im Blick gehaltene Wohin des möglichen zeughaften Hingehörens nennen wir die Gegend.«/»Wie erträglich das alles ist, mein Gott.«

II. Dubliner Ausflüge. *Über James Joyce*/Der Ort der Hingabe. Schreiben zum Tode. *Über Marcel Proust*/Die Relativität des Glücks. *Leben und Schreiben des Italo Svevo*/Einschluß, meine Herren! *Literarische Arbeit mit Strafgefangenen*

III. Abstand gibt es nicht im Sonderangebot. *Rede zum Bremer Literaturpreis*/Und dann und wann ein weißes Pferd. *Bergen-Enkheimer Rede*/Das Exil der Blicke. Die Stadt, die Literatur und das Individuum. *Dresdner Rede*

184 Seiten. Gebunden

ISBN 3-89561-250-2

Lizenzausgabe:
München: Deutscher Taschenbuch Verlag (in Vorbereitung)

Franziska Gerstenberg
Wie viel Vögel

Erzählungen. 2004.

Landschaft mit Sonne/Wachteln, Kinder, Konzentration/Die letzte Wahrheit/Schlanke Fesseln/Die Wette/Glückskekse/Gott ist groß/Der Carlos Santana bin ich/Fünf Tage/Marecki singt/Mutter Vater Kind/Borschtsch/Die Hecke/Doch Schnee/Wie viel Vögel

232 Seiten. Gebunden

ISBN 3-89561-340-1

2. Auflage 2004

Lizenzausgaben:
München: Random House (btb, in Vorbereitung)
Frankfurt am Main: Büchergilde Gutenberg 2004
Amsterdam: Ambo|Anthos (in Vorbereitung)

Das große KATZEN Lesebuch
Umschlagzeichnung von Konstanze Berner
Herausgegeben von Julia Bachstein. 2004.
Adie Suehsdorf, Vom Wesen der Katze/Elke Heidenreich, Die Katze der verlassenen Frau/Elizabeth Bowen, Mrs. Charles/Thomas Brown, Eine wahre Geschichte/Jana Scheerer, Die Katze Muschi/Warum die Katze keine Glocke trägt oder Das Märchen von der Glockenblume/Friedrich Theodor Vischer, Mein Kätzlein/John Coleman Adams, Der Kater als Seekadett/Eugen Skasa-Weiß, Jette und Colette/Eva Demski, Tinos Lied, Aus dem Tino-Tagebuch, Tinos Morgentoilette/Keto von Waberer, Das mit der Katze/Der Fragebogen, beantwortet von Tabby/Werner Fuld, Die neue Katze/Beverley Nichols, F Steht für Fell/Eugen Oker, Eine kleine, schwarzweiß gefleckte Katze/Jean-Luis Hue, Katzen vom Friedhof Montmartre/Lloyd Alexander, Die Stadtkatzen/Warum die Weiden Kätzchen haben/Detlef Bluhm, »In seiner Art ein Wunder von Schönheit«. E.T.A. Hoffmann und sein Kater Murr – Eine Textcollage/Hans Christian Andersen, Ein mittelmäßiger Dichter ist ein Unding/Christian Morgenstern, Wolkenspiele/Damon Runyon, Lillian/James Boswell, Samuel Johnson und sein Kater Hodge/Rudolf Geck, Er ist wieder da. Zur Heimkehr meines Katers Fritz Prolet/George Borrow, Die Kirchenkatze/Brief Samuel Butlers an seine Schwester/Sylvie Schenk, Das Ritual/Jerome K. Jerome, Ein langschwänziger, pelziger Engel/Eva Demski, Hochzeitslied für mich und meine Frau die Jacke/Franziska Gerstenberg, Katzenjammer/Brüder Grimm, Katz und Maus in Gesellschaft/D. L. Stewart, Eigentlich kann ich Katzen nicht ausstehen/Der Kanarienvogel/Adelbert von Chamisso, Katzennatur/Burkhard Spinnen, Balthazar/Josef Haltrich, Vom Kater Mitzpuf/Eugen Roth, Die Katze/Elke Heidenreich, Die Katze des Dichters/Margit Schreiner, Mitzo/Charles G. D. Robert, Wie eine Katze Robinson Crusoe spielte/Katzen und

Wetter/Juli Zeh, Katzenhimmel/Alfred Polgar, Idyll/Marcia Davenport, Kitty/Mark Twain, Dick Bakers Katze/Jean-Louis Hue, Putzen/Oscar Wilde, Die Sphinx/Keto von Waberer, Katze/Eva Demski, Katzenweihnacht/Junichiro Tanizaki, Eine Katze, ein Mann und zwei Frauen/Gustav Schwab, Wie durch eine Katze Schilda abbrante/Charles Dudley Warner, Kater Calvin/Christian Morgenstern, Der Kater/Beverley Nichols, S steht für Streicheln/Adie Suehsdorf, Die erwachsene Katze
352 Seiten. Gebunden
ISBN 3-89561-704-0

Martin Gülich
Bellinzona, Nacht
Roman. 2004.
[Übernahme vom Verlag zu Klampen, Lüneburg]
128 Seiten. Gebunden
ISBN 3-89561-301-0

Martin Gülich
Vorsaison
Roman. 2004.
[Übernahme vom Verlag zu Klampen, Lüneburg]
176 Seiten. Gebunden
ISBN 3-89561-302-9

Batya Gur
In Jerusalem leben
Ein Requiem auf die Bescheidenheit. 2000.
Aus dem Hebräischen von Helene Seidler
Mit Photographien von Werner Braun
[Erstausgabe. Originaltitel רקוויאם כצניטוח או כהיוח בידושכים]

240 Seiten. Gebunden
ISBN 3-89561-024-0

Lizenzausgabe:
München: Goldmann 2001 (= Goldmann Taschenbuch 45031)

Peter Härtling
Befristetes Paradies
Paul Kornfelds großer Roman »Blanche oder Das Atelier im Garten«
16 Seiten. Einmalige Auflage von 1000 Exemplaren zum Jahreswechsel 1998/1999.
[Nicht im Handel]

Wolf Hanke
Madrid Madrid Madrid
Unterwegs in Spaniens Hauptstadt. 1996.
120 Seiten. Gebunden
ISBN 3-89561-550-1

Lizenzausgaben:
Taipei: Sunbright 2000
Schwäbisch Hall: Steinbach Sprechende Bücher 1999

Lioba Happel
Der Schlaf überm Eis
Gedichte. 1995.
80 Seiten. Gebunden
ISBN 3-89561-130-1

Markus Hattstein
Wörterbuch des Teufels
Neue Folge. 1994.
144 Seiten. Gebunden
ISBN 3-89561-050-X

Ingeborg Hecht
Mein Schwarzwald
Unterwegs im Südschwarzwald und am Oberrhein
Zusammengestellt von Thomas Held. 1996.
Ein Wort vorweg/Bonndorf: Die Stadt in der Sonnenschale/St. Peter/Vom Leben und Wirken der Benediktiner in St. Peter/Der Kandel/Märchen und Sagen im Schwarzwald/»Ein unendliches Kreuz ...«. Bei den Glasbläsern im Schwarzwald/Freiburg: »Wie ein lieblich wechselnder Garten«/Das Hirtenmädchen und der Dichter: Maria Ursula Jacobi geborene Müller (1764–1838)/»Ich hatte viel Bekümmernis«: Ein Lebensbild der Henriette Feuerbach (1812–1892)/Die Kunst des Gesprächs. Erinnerungen an den Historiker Alfred Dove (1844–1916)/Ehrenkirchen: »Das Lied vom braven Lazarus ...«/Staufen: Die »Faust«-Stadt/Hanseatische Probleme im Rebberg/Heitersheim: Die Malteserstadt/»So fründlig und so lieb«. Der Heitersheimer Ordenskanzler Johann Albrecht von Ittner (1754–1825)/Sulzburg: Ehemalige Bergwerksstadt/»Breite über uns die Hütte deines Friedens«. Die Juden von Sulzburg/Müllheim: Geschichten vom Wein/Badenweiler: Si me amas/»Ich komme aus anderen Zeiten«. Von Künstlern in Badenweiler
128 Seiten. Gebunden
ISBN 3-89561-551-X

Nikolaus Heidelbach
Käfer in Flammen
2002.
64 Seiten. Leinen
ISBN 3-89561-330-4

Klaus Hensel
Humboldtstraße, römisches Rot
Liebesgedichte. 2001.
88 Seiten. Gebunden
ISBN 3-89561-131-X

Lizenzausgabe:
Zagreb: Durieux 2004

Alban Nikolai Herbst
In New York
Manhattan Roman. 2000.
144 Seiten. Gebunden.
ISBN 3-89561-572-2

Lizenzausgabe:
Paris: Éditions du Félin 2002

Johannes Maria Höricht
Stilles Ende der Seelendoktorei
Roman. 1996.
228 Seiten. Gebunden
ISBN 3-89561-160-3

Franz Hohler
Das verspeiste Buch
Eine Fortsetzungsgeschichte
Mit [farbigen] Bildern von Hans Traxler. 1996.
88 Seiten. Gebunden
ISBN 3-89561-051-8

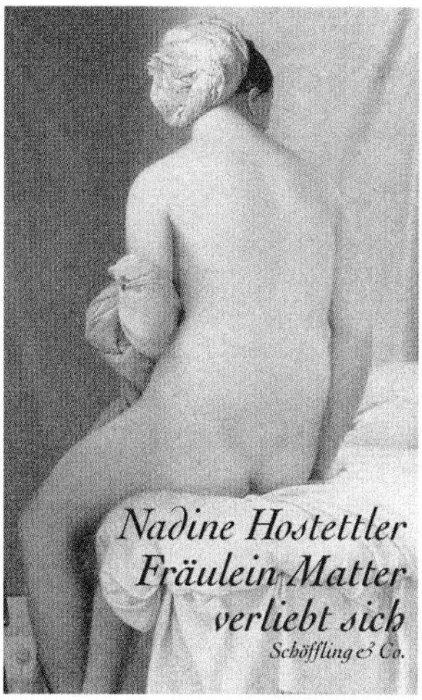

[Helene Holzman]
»Dies Kind soll leben«
Die Aufzeichnungen der Helene Holzman (1941–1944)
Herausgegeben von Reinhard Kaiser und Margarete Holzman. 2000.
416 Seiten. Mit 60 Abbildungen und Karten.
Gebunden
ISBN 3-89561-062-3

2. Auflage 2000
3. Auflage 2000

Lizenzausgaben:
München: List 2001 (= List Taschenbuch 60137)
Arles: Actes Sud 2002
Paris: Le Grand Livre du Mois 2002
Warschau: Grupa Wydawnicza Bertelsmann Media 2002
Beijing: The Worker Publishing House 2002
Vilnius: Baltos Lankos 2003
Moskau: New Literary Review (in Vorbereitung)
Venedig: Marsilio Editori (in Vorbereitung)
Barcelona: Galaxia Gutenberg/Círculo de lectores (in Vorbereitung)

Nadine Hostettler
Fräulein Matter verliebt sich
2000.
Prinz Leo/Die Witwe des Kommissärs/Über den Mond hinaus/Nachricht vom Marktplatz/Fräulein Matter verliebt sich
208 Seiten. Gebunden
ISBN 3-89561-173-5

Lizenzausgabe:
München: Piper 2002 (= Serie Piper 3432)

Nadine Hostettler
Die letzte Hemmung
Roman. 2003.
152 Seiten. Gebunden
ISBN 3-89561-174-3

Ein Hund läuft durch die Republik
Geschichten aus Bosnien
Herausgegeben von Juli Zeh, David Finck und Oskar Terš
2004.
Dijana Osmanović, Bijeljina/Đana Tufekčić, Wem gehört der Fisch?/Amir Kamber, Die Rolle der Bundesrepublik Deutschland im Transformationsprozess Bosnien-Herzegowinas/Dina Džindo, Zehn Gründe, warum es gut ist, Bosnier zu sein/Sanela Mešić, Rückkehr nach Doboj im Jahr 2002/Selma Rakovac, Die feurige Taufe/Aldina Herić, Verletzte Herzen/Ines Mulić, Unbeschreibliches Land/Sanel Lokmić, Einen Tag vermisst man das ganze Jahr/Oskar Terš, Spurrinnen/Afrodita Hodžić, Bajram/Igor Banović, David Finck, Ein Hund läuft durch die Republik/Edi Sulejmanović, Einmal Deutschland und zurück/Selma Mehanović, geb. Ramić, Die Axt/Melika Mujić, Opferfest, oder: Tito und ich/Admira Mujanović, Izudin Sojkić, So wollte ich cool werden – Die Geschichte eines ehemaligen Drogensüch-

tigen/Elmedin Kukić, Blanka/Irma Duraković, Glücklich verstummte Freiheit – ein Märchen/Nedim Mujcinović, Die bosnische Musikszene/Saša Stanišić, Wie Selim Hadžihalilović zurückgekehrt ist, woran er erinnert wurde, was er mitgebracht hat, wie er das mit Maulwürfen gemeint hat und wie Effendi Ismailbeg seine Gelenke zu schonen weiß/Juli Zeh, B wie Bosnien: Stadt Land Fluss
144 Seiten. Gebunden
ISBN 3-89561-057-7

»Im Mittelpunkt die Autoren«
Zehn Jahre Schöffling & Co.
Chronik & Bibliographie 1994–2004
Mit zahlreichen Abbildungen. 2004.
176 Seiten. Gebunden
ISBN 3-89561-899-3

Reinhard Kaiser
»Dies Kind soll leben«
Die Aufzeichnungen der Helene Holzman 1941–1944 und die Stimmen der Überlebenden. 2000. Schöfflings HörBar. 2 CDs.
Spielzeit: CD 1: 55:25 Min. CD 2: 61:30 Min.
ISBN 3-89561-063-1

Reinhard Kaiser
Eos' Gelüst
Roman. 1995.
168 Seiten. Gebunden
ISBN 3-89561-060-7

Lizenzausgabe:
Frankfurt am Main: S. Fischer 1997 (= Fischer Taschenbuch 13266)

Reinhard Kaiser
Königskinder
Eine wahre Liebe
Mit zwanzig Abbildungen. 1996.
128 Seiten. Gebunden
ISBN 3-89561-061-5

2. Auflage 1996
3. Auflage 1997
4. Auflage 2004 [leicht veränderte Neuausgabe; ISBN 3-89561-064-X]

Lizenzausgaben:
Frankfurt am Main: S. Fischer 1998 (= Fischer Taschenbuch 13740)
Frankfurt am Main: S. Fischer 1999 (= Fischer Taschenbuch 80316)
Stockholm: Alfabeta 1998
Paris: Autrement 1998
Milano: Adriano Salani 1999
Milano: Mondolibri 1999
Tokio: Hakushui-Sha 2000
Milano: TEA 2001

Greve: Tyskforlaget 2001
Athen: Boukoumanis 2001
Taipei: New Sprouts Publishers 2004
Seoul: Motive Publishing (in Vorbereitung)
New York: Other Press (in Vorbereitung)

Reinhard Kaiser
Monsieur Dupont wacht auf
Text: Reinhard Kaiser, Zeichnungen: Stefan Kaiser, Layout und »Herstellung«: Ruth Kaiser.
16 Seiten. Einmalige Faksimileauflage von 1000 Exemplaren für die Freunde des Verlags zum Jahreswechsel 2000/2001
[Nicht im Handel]

Reinhard Kaiser
Unerhörte Rettung
Die Suche nach Edwin Geist.
[Mit zahlreichen Abbildungen] 2004.
360 Seiten. Gebunden
ISBN 3-89561-065-8

KatzenAlbum
Herausgegeben von Julia Bachstein. 2000.
112 Seiten. Gebunden
ISBN 3-89561-950-7

Katzen
Album
Schöffling & Co.

Das neue
Katzen
Album
Schöffling & Co.

Das große
KATZEN
Lesebuch
Schöffling & Co.

Katzenliebe
Schöffling & Co.

PETER RÜHMKORF
AUF WIEDERSEHEN
IN KENILWORTH
Ein Katzen-Märchen in dreizehn Kapiteln
Mit Zeichnungen
von Albert Schindehütte
Schöffling & Co.

Wolfram Siebeck
Frau Hoffmanns
Erzählungen
Schöffling & Co.

Werner Fuld Von Katzen
und anderen Menschen
Mit Zeichnungen von Gottfried Müller
Schöffling & Co.

Die Kunst
zu schnurren
Die schönsten Katzengeschichten
von Eugen Skasa-Weiß
Mit farbigen Photographien
von Wolfgang Lauter
Schöffling & Co.

[Katzenalbum]
Das neue KatzenAlbum
Herausgegeben von Julia Bachstein. 2004.
96 Seiten. Gebunden
ISBN 3-89561-952-3

Katzenliebe
Ein Lesebuch
Herausgegeben von Esther Scheidegger
Mit Zeichnungen von Konstanze Berner. 1995.
Eva Demski, Albumblatt für Adele/Doris Lessing, Trauer Stärke fünf/Katherine Mansfield, Mäuse fängt er nicht/Rudolf Geck. Er ist wieder da. Zur Heimkehr meines Katers Fritz Prolet/René Schickele, Katzen/Delio Tessa, Drei Katzen, ein Mann/Giovanni Raiberti, Von der moralischen Nutzanwendung der Felidae/Kurt Tucholsky, Die Katz/Christine Steiger, Ein Loch in den Tagen/Joachim Ringelnatz, Schöne Fraun mit schönen Katzen/Uwe Johnson, Eine Katze kennt keine Sekunden/Colette, Simplette/Mascha Kaléko, Der Kater. Ein Selbstgespräch/Ella Maillart, Ti-Puss/Kurt Marti, Eine Heidin/Eugen Skasa-Weiss, Die schöne Helena und die offene Tür/Günter Kunert, Katzensorgen/James Henry Leigh Hunt, Die Katze beim Kamin/Victor Auburtin, Die Dame mit der gestreiften Katze/Andrea Simmen, Lieber Onkel Willi/Albert Ehrenstein, Der Selbstmord eines Katers/Sarah Kirsch, Im Kreml noch Licht/Katherine Mansfield, Ein Besuch (Die Lilie)/Émile Zola, Das Katzenparadies/René Begert, ¡Ven, Chico-Bico, ven!/Renate Rubinstein, Beim Tierpsychiater/Angelika Bucher, Katze läuft/Philip J. Davis, Wie Thomas Gray zu ihrem Namen kam/Thomas Gray, Ode auf den Tod einer Favoritin – ertrunken im Goldfischbecken/Ernest Hemingway, Katze im Regen/Heinrich Heine, Jung-Katerverein für Poesiemusik/Jean Cocteau, Über eine Katzengeschichte/Miklós Mészöly, Wo die Katzen leben/Victor Auburtin, Die Brust der Natur/Alfred Kerr, Der Kater Miezislaus/Esther Scheidegger, Katzenliebe/Nachweise
264 Seiten. Gebunden
ISBN 3-89561-701-6

Lizenzausgaben:
Frankfurt am Main: S. Fischer 1997 (= Fischer Taschenbuch 13263)
Frankfurt am Main: S. Fischer 2001 (= Fischer Taschenbuch 50373)

Martin Kessel
Herrn Brechers Fiasko

Roman
Mit einem Nachwort des Autors: Mein erster Roman. 2001.
[EA: Stuttgart: Deutsche Verlags-Anstalt 1932; »Vom Verfasser neu durchgesehene Ausgabe«: Frankfurt am Main: Suhrkamp 1956]
564 Seiten. Gebunden
ISBN 3-89561-025-9

2. Auflage 2001
3. Auflage 2001
4. Auflage 2001

Lizenzausgaben:
München: Piper 2002 (= Serie Piper 3534)
Frankfurt am Main: Büchergilde Gutenberg 2001
Madison: University of Wisconsin Press 2004
Barcelona: Quaderns Crema/El Acantilado (in Vorbereitung)

Martin Kessel
Lydia Faude

Roman
Mit einem Nachwort von Wilfried F. Schoeller. 2001.
[EA: Neuwied und Berlin: Luchterhand 1965]
544 Seiten. Gebunden
ISBN 3-89561-026-7

Lizenzausgaben:
München: Piper 2003 (= Serie Piper 3535)
Barcelona: Quaderns Crema/El Acantilado (in Vorbereitung)

Martin Kessel
Die Schwester des Don Quijote
Ein intimer Roman
Mit einem Nachwort von Lothar Müller. 2002.
[EA: Braunschweig: Vieweg 1938; die Neuausgabe folgt dem Text der Ausgabe im Hermann Luchterhand Verlag 1959]
224 Seiten. Gebunden
ISBN 3-89561-027-5

Lizenzausgabe:
München: Piper 2004 (= Serie Piper 3536)

Walther Kiaulehn
Berlin – Lob der stillen Stadt

Herausgegeben von Detlef Bluhm. 1998.
[EA: Berlin: Fannei & Walz 1989]
Lob der stillen Stadt/Spaziergänge durch Berlin/Was machen die vielen Menschen auf dem Bahnsteig?/Praxis der schönen Künste/Bacchanal auf der Wiegeschale/Elegie in der Bellevue-Allee/Lob der Schlächter/Billardlegende/Geiz, Jähzorn und Klavierspielen/Letzte Musik/Die Schnellen/Am See der tausend Eimer/Der Himmel der starken Männer/Laterne, Laterne/Bis zum ersten Hahnenschrei/Das Mädchen ohne Schwefelhölzer/Berlinische Novelle/Frauentreue/Jagd nach Juch/Die Bäckermeisterstochter und die Leidenschaften/Der Knecht von Golm/Eine Handvoll Sand/Editorische Notiz
120 Seiten. Gebunden
ISBN 3-89561-566-8

Peter Knorr
Mallorca

Insel der Inseln. 2000.
Insel im Sommerloch/Stimmen in südlicher Nacht/Insel im Anflug/Kleine mallorquinische Farbenlehre/Insel der Stille/Insel der Mythen/Vollmond/Insel der Nähe/Insel der Magie/Ruhe!/Insel der Seefahrer/Insel des Verbrechens/Insel der Legenden/Für die Katz/Insel der Radler/Insel der Überraschungen/Mañana
112 Seiten. Gebunden
ISBN 3-89561-571-4

2. Auflage 2001

Lizenzausgabe:
Zürich: Kein & Aber Records 2002

Paul Kornfeld
Blanche oder Das Atelier im Garten
Roman. 1998.
[EA: Hamburg: Rowohlt 1957]
672 Seiten. Gebunden
ISBN 3-89561-161-1

2. Auflage 1998
3. Auflage 1998

Lizenzausgaben:
München: Goldmann 2000 (= btb 72524)
Vilnius: Tyto Alba 2000

Paul Kornfeld
Legende
1999.
[EA: Berlin: S. Fischer 1917]
136 Seiten. Gebunden
ISBN 3-89561-163-8

Lizenzausgaben:
München: Goldmann 2001 (= btb 72531)
Mexiko City: Lectorum 2000

Paul Kornfeld
Revolution mit Flötenmusik und andere kritische Prosa 1916–1932
Herausgegeben und kommentiert von Manon Maren-Grisebach
Mit einem Beitrag von Hans-J. Weitz
[EA: Heidelberg: Lambert Schneider 1977; Übernahme vom Wallstein Verlag, Göttingen]
Vorbemerkung/Paul Kornfelds Leben
Kritische Prosa 1916–1932: Der beseelte und der psychologische Mensch (1916–18)/*Kornfelds Manifest als Programmschrift des Expressionismus*/ Kokoschka (1917)/Wedekind (1918)/Theater in Frankfurt (1918), Gerechtigkeit. Ein Fragment (1920)
Aufsätze in der Zeitschrift »Das Tagebuch« (1928–1931): Der Roman der Durieux/ Die Buchkritik/*Exkurs über die heutige Literaturkritik im allgemeinen und Kornfelds im besonderen*/Arnolt Bronnen als Femesänger/Der Bandit/Hamsun/ Hermann Ungar †/Liebesromane/Julien Green/Babbitts Frau/Ein Statistiker im Sündenpfuhl/Revolution mit Flötenmusik/*Zum Verhältnis von Politik und Kunst bei Kornfeld*/Ungars Nachlaß/Philosophie der Barbarei/Ein Lebensbuch/Ein Zeuge des Staatsanwalts/Der bestrafte Querulant/Schupo im Gerichtssaal/Der Gesichtspunkt/Turnlehrer Loch/Die Todesstrafe/Forschungsreise ins innerste Darmstadt/Der Schlauch/Politisches Theater/Kochkunst/Der Intendant/Das Dritte Reich/Die Entdeckung/Die Geheimkonferenz/So ist die Welt/Der Ästhet macht Weltrevolution/Sport/Kapitulation/Ein Tonfilm/Die Sektion für Dichtkunst/Das Interessante/Antwort an einen Photographen/Multifix und Schwenkkartei
Zu Rundfragen der Zeitschrift »Der Scheinwerfer«: Kritik der Kritik (1928)/Soll das Drama eine Tendenz haben? (1928). Bedenken zum Goethe-Tag (1932)
Bibliographie der Werke Paul Kornfelds/Ausgewählte Arbeiten über das Werk Kornfelds/Hans-J. Weitz: Paul Kornfeld als Dramaturg in Darmstadt

336 Seiten. Leinen
ISBN 3-89561-162-X

Hartmut Lange
Italienische Novellen
1998.
Das Plakat/Die Verteidigung des Nichts/Der neue Mieter
168 Seiten. Gebunden
ISBN 3-89561-270-7

Lizenzausgaben:
Zürich: Diogenes 2002 [in: Hartmut Lange, *Gesammelte Novellen in zwei Bänden*]
London: The Toby Press 2000

Hermione Lee
Elizabeth Bowen
Portrait einer Schriftstellerin
Aus dem Englischen von Christine Frick-Gerke. 2001.
[*Elizabeth Bowen*. London: Vintage 1999. EA: London: Vision 1981]
424 Seiten. Gebunden
ISBN 3-89561-607-9

Der literarische Gartenkalender 2004
Herausgegeben von Julia Bachstein
Mit Fotografien von Marion Nickig
56 Blatt. Vierfarbig. 2003.
ISBN 3-89561-870-5

Der literarische Gartenkalender 2005
Herausgegeben von Julia Bachstein
Mit Fotografien von Marion Nickig
56 Blatt. Vierfarbig. 2004.
ISBN 3-89561-871-3

Der literarische Katzenkalender 1996
Herausgegeben von Julia Bachstein und Esther Scheidegger
56 Blatt. Zweifarbig. 1995.
ISBN 3-89561-730-X

Der literarische Katzenkalender 1997
Herausgegeben von Julia Bachstein und Esther Scheidegger
56 Blatt. Zweifarbig. 1996.
ISBN 3-89561-731-8

Der literarische Katzenkalender 1998
Herausgegeben von Julia Bachstein und Esther Scheidegger
56 Blatt. Zweifarbig. 1997.
ISBN 3-89561-732-6

Der literarische Katzenkalender 1999
Herausgegeben von Julia Bachstein und Esther Scheidegger
56 Blatt. Zweifarbig. 1998.
ISBN 3-89561-733-4

Der literarische
Gartenkalender
Mit Fotografien von Marion Nickig
2004
Schöffling & Co.

Der literarische
Gartenkalender
Mit Fotografien von Marion Nickig
2005
Schöffling & Co.

Der literarische
Gartenkalender
Mit Fotografien von Marion Nickig
2006
Schöffling & Co.

Der literarische
Katzenkalender
2004
Schöffling & Co.

Der literarische
Katzenkalender
2005
Schöffling & Co.

Der literarische
Katzenkalender
2006
Schöffling & Co.

Der literarische
Reisekalender
2004
Schöffling & Co.

Der literarische
Reisekalender
2005
Schöffling & Co.

Der literarische
Reisekalender
2006
Schöffling & Co.

Der literarische Katzenkalender 2000
Herausgegeben von Julia Bachstein und Esther Scheidegger
56 Blatt. Zweifarbig. 1999.
ISBN 3-89561-734-2

Der literarische Katzenkalender 2001
Herausgegeben von Julia Bachstein und Esther Scheidegger
56 Blatt. Zweifarbig. 2000.
ISBN 3-89561-735-0

Der literarische Katzenkalender 2002
Herausgegeben von Julia Bachstein und Esther Scheidegger
56 Blatt. Zweifarbig. 2001.
ISBN 3-89561-736-9

Der literarische Katzenkalender 2003
Herausgegeben von Julia Bachstein
56 Blatt. Zweifarbig. 2002.
ISBN 3-89561-737-7

Der literarische Katzenkalender 2004
Herausgegeben von Julia Bachstein
56 Blatt. Zweifarbig. 2003.
ISBN 3-89561-738-5

Der literarische Katzenkalender 2005
Herausgegeben von Julia Bachstein
56 Blatt. Zweifarbig. 2004.
ISBN 3-89561-739-3

Literarische KatzenKarten
2001.
28 Karten
ISBN 3-89561-951-5

Lizenzausgabe:
Taipei: New Rain Publishing 2002

Der literarische Reisekalender 2001
Herausgegeben von Elsemarie Maletzke
56 Blatt. Vierfarbig. 2000.
ISBN 3-89561-820-9

Der literarische Reisekalender 2002
Herausgegeben von Elsemarie Maletzke
56 Blatt. Vierfarbig. 2001.
ISBN 3-89561-821-7

Der literarische Reisekalender 2003
Herausgegeben von Elsemarie Maletzke
56 Blatt. Vierfarbig. 2002.
ISBN 3-89561-822-5

Der literarische Reisekalender 2004
Herausgegeben von Elsemarie Maletzke
56 Blatt. Vierfarbig. 2003.
ISBN 3-89561-823-3

Der literarische Reisekalender 2005
Herausgegeben von Elsemarie Maletzke
56 Blatt. Vierfarbig. 2004.
ISBN 3-89561-824-1

Rudolf Lorenzen
Alles andere als ein Held
Roman. 2002.
[EA: Berlin: Ullstein 1959]
624 Seiten. Gebunden
ISBN 3-89561-145-X

2. Auflage 2002

Lizenzausgaben:
München: Piper 2004 (= Serie Piper 3938)
Frankfurt am Main: Büchergilde Gutenberg 2002
Prag: Prostor (in Vorbereitung)
Amsterdam: Arbeiderspers (in Vorbereitung)

Elsemarie Maletzke
Irish Times
Unterwegs in Irland und Schottland. 1996.
Keltische Cousins/Das grüne Feld/Dublin 2000/Canale Grande/NachWesten/ Dromquinna/Constance M. auf Lissadell/Zwei Sprachen/Willie und Maud/Der

gute Heinrich/Seßhafte und Reisende/Die Pighouse Collection/Einhorn gegen Löwe/Rob Roy – trotz allem/Schottlands tapferes Herz/Royal Visit/Zwei Damen aus Irland und der Waliser Regen
140 Seiten. Gebunden
ISBN 3-89561-552-8

Elsemarie Maletzke
Jane Austen
Eine Biographie. 1997.
Mit zahlreichen Abbildungen
328 Seiten. Gebunden
ISBN 3-89561-602-8

2. Auflage 1997

Lizenzausgabe:
München: Deutscher Taschenbuch Verlag 1999 (= dtv 30740)

Elsemarie Maletzke
Das Leben der Brontës
Eine Biographie
Mit zahlreichen Abbildungen. 1998.
512 Seiten. Gebunden
ISBN 3-89561-604-4

Lizenzausgabe:
München: Goldmann 2000 (= btb 72602)

Elsemarie Maletzke
Miss Burney trägt Grün
Roman. 2001.
396 Seiten. Gebunden
ISBN 3-89561-605-2

Lizenzausgabe:
München: Heyne 2002 (= Diana Taschenbuch 269)

Elsemarie Maletzke
Mond über Murzuq
Unterwegs auf fünf Kontinenten. 2002.
Deutschland: Wendland – Storchenland/Die Frühlingsfee und der eiserne Heinrich (Worpswede). *Baltikum*: Wir aus Riga. *Österreich*: »Man müßte überhaupt ein Fremder sein« (Kärnten)/Wohlsein! (Wachau). *Tschechien*: Karlsbader Kulissenzauber. *Schweiz*: »... mitten im Garten beinahe zärtlich« (Wallis). *Libyen*: Siehst du den Mond über Murzuq? *Marokko*: Atlas zu Fuß/Die Wüste klebt. *Tunesien*: Eine Tunisreise. *Algerien*: Ein Lied von der Einsamkeit des Sängers in der Wüste. *Australien*: In »Zwei Känguruhs beim Trinken«. *Peru*: Lamas lassen grüßen. *Kanada*: Bleichgesichter im Indianerland/Schottland Übersee (Nova Scotia). *Indien*: Gott Vishnus eigenes Land (Kerala)/Vom Zauber der Verlassenheit

(Madhya Pradesh). *Namibia*: Nebel über der Wüste/Afrika war eine Firma/Löwin auf halb neun. *Tansania*: Tiere unter sich. *Südafrika*: Solomon und Elias. *Ukraine*: Flußfahrt mit General. *Frankreich*: Die *Liberté* (Elsaß). *Schottland – Norwegen*: Möwe nach Trondheim (Cutty Sark Tall Ships' Race). *Schweden*: Segeln im Garten. *England*: Bloomsbury revisited/Stiller Tag in Sissinghurst/Anschauen und Tee trinken/Auf den Wellen des Skandals. *Irland*: Die Häupter mit dem Lorbeerkranz (Dublin und Galway). *USA*: Die Sumpfblüte (New Orleans)/Pflaster unterm Strand (Florida Keys). *Jamaika*: Insel mit Aussicht. *Norwegen*: Schäfchen zählen (Sirdal)/ Blauer, ya! *Finnland*: Oh je, du fröhliche. *Malaysia*: Die kurze Nacht im langen Haus der Iban (Sarawak). *Singapur*: Glückliches Neues Drachenjahr. Nachweise
296 Seiten. Gebunden
ISBN 3-89561-608-7

Elsemarie Maletzke
Very British!
Unterwegs in England, Irland und Schottland. 1995.
Sehnsucht nach der Insel/»Falls du den Schneid hast, den Speicher zu betreten ...«. Humberside und Yorkshire/Englands goldiges Herz. Die Cotswolds/Sie finden mich im Langham. London/Die alte Räucherkammer. Edinburgh/Falke, Golf und Käsekuchen. Gleneagles Hotel/Pertshire/Willkommen bei den Käuzen. Irland/ Rettet die Adresse! Dublin/Wird hier etwas frei? West Cork/Die Jungfer mit den Vogelaugen. Jane Austen/Zwei Hunde für Emily. Die Brontës und ihre Gesellschaft/Nuneaton revisited. George Eliot/Ein König zum Fürchten. Heinrich VIII./Tra-la-la-lira-lira-lay. Sherlock Holmes/Madingley Hall bei Cambridge/ Kurzbiographien/Nachweise
136 Seiten. Gebunden
ISBN 3-89561-540-4

2. Auflage 1995
3. Auflage 2002

Carson McCullers

Die Autobiographie

›Illumination and Night Glare‹. 2002.

Carson und Reeves McCullers Kriegsbriefe 1944–1945

Herausgegeben und mit einer Einleitung versehen von Carlos L. Dews

Aus dem Amerikanischen von Brigitte Walitzek

Mit zahlreichen Photographien

[*Illumination and Night Glare: The Unfinished Autobiography of Carson McCullers.* Madison: The University of Wisconsin Press 1999]

384 Seiten. Gebunden

ISBN 3-89561-609-5

2. Auflage 2004

Lizenzausgabe:
München: Goldmann 2003 (= btb 73159)

Robert McLiam Wilson

Ripley Bogle

Roman

Aus dem Englischen von Susanne Lange. 1996.

[*Ripley Bogle.* London: André Deutsch 1989]

468 Seiten. Gebunden

ISBN 3-89561-630-3

Lizenzausgabe:
Frankfurt am Main: Fischer Taschenbuch Verlag 1998 (= Fischer Taschenbuch 13739)

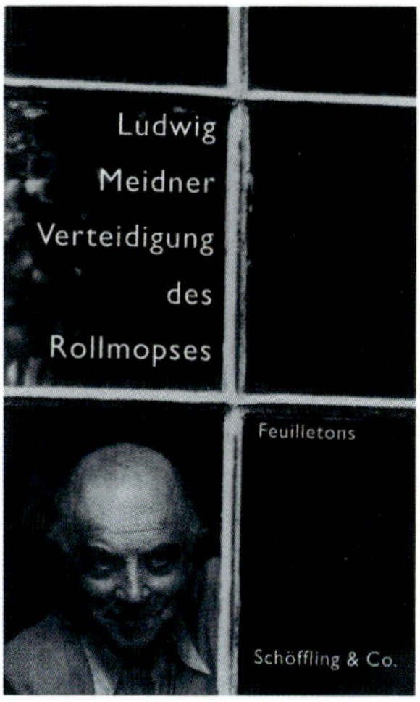

Dieter Meichsner
Die Studenten von Berlin
Roman. 2003.
[EA: Hamburg: Rowohlt 1954. Die Neuausgabe folgt der »vom Autor neu durchgesehenen Fassung«, die 1963 als Rowohlt Taschenbuch 596–597 erschien.]
496 Seiten. Gebunden
ISBN 3-89561-146-8

Lizenzausgaben:
München: Deutscher Taschenbuch Verlag (in Vorbereitung)
Frankfurt am Main: Büchergilde Gutenberg 2003

Ludwig Meidner
Verteidigung des Rollmopses
Gesammelte Feuilletons 1927–1932
Herausgegeben von Michael Assmann. 2003.
Selbstporträt in grober Manier/Hundstage in der Weltstadt/Bernstadt in Schlesien/Einige Bemerkungen gegen den Film/Erbspüree mit Sauerkohl/Der Jüngling mit dem Kalabreser oder Eheschließung auf Grund von Paul Klee/Glossen über

Porträtmaler oder Lob des Rasierens/Stoßseufzer eines alternden Ekstatikers/Der Naturenthusiast in der Sommerfrische/Wochentagsleben in Halensee/Studie über Zigarrenraucher/Malerbrief aus Badenweiler/Besuch einer Kunstausstellung/Die Fischbackstube/Verdrossene Tirade/Kleine Ausschnitte häuslichen Glückes/ Verfehltes Liebesabenteuer/Verteidigung des Rollmopses/Sehnsucht nach Gänsebraten/Mißratenes Konterfei/Ein Teeabend in Schöneberg/Wiedersehens-Feier/ Der verliebte Heringsbändiger/Heiteres Zwiegespräch/Nachwort/Nachweise und Anmerkungen/Daten zu Leben und Werk
240 Seiten. Gebunden
ISBN 3-89561-152-2

Martina Mettner
Das Blaue vom Himmel
Roman. 1997.
372 Seiten. Gebunden
ISBN 3-89561-171-9

Lizenzausgaben:
München: Piper 1998 (= Serie Piper 2661)
München: Piper 2000 (= Serie Piper 6001)

Martina Mettner
Karriere in Aspik
Roman. 1996.
372 Seiten. Gebunden
ISBN 3-89561-170-0

Lizenzausgaben:
München: Piper 1997 (= Serie Piper 2514)
München: Piper 1999 (= Serie Piper 2755)
München: Piper 2001 (= Serie Piper 6013)

Henry Miller
Frankreich
Land der Erinnerung
Aus dem Amerikanischen von Heidi Zerning
Mit Photographien von Henri Cartier-Bresson. 2004.
[*Remember to Remember.* New York: New Directions 1947. Die deutsche Erstausgabe erschien 1957 im Verlag »Die Arche« in Zürich.]
200 Seiten. Gebunden
ISBN *3-89561-582-X*

Henry Miller
Reise nach New York
Aus dem Amerikanischen von Heidi Zerning. 2002.
[*Aller retour New York*. New York: New Directions 1991. Die Originalausgabe erschien 1935 bei Obelisk in Paris. Die deutsche Erstausgabe erschien 1962 im Verlag »Die Arche« in Zürich]
132 Seiten. Gebunden
ISBN 3-89561-577-3

Klaus Modick
Der Flügel
Roman. 1994.
336 Seiten. Gebunden
ISBN 3-89561-020-8

2. Auflage 1994

Lizenzausgabe:
Frankfurt am Main: S. Fischer 1996 (= Fischer Taschenbuch 12969)

Klaus Modick
Das Kliff
Roman. 1995.
160 Seiten. Gebunden
ISBN 3-89561-021-6

Klaus Modick
Der Mann im Mast
Roman. 1997.
304 Seiten. Gebunden
ISBN 3-89561-022-4

Lizenzausgabe:
München: Heyne 1998 (= Heyne Taschenbuch 10693)

Helga M. Novak
Aufenthalt in einem irren Haus
Gesammelte Prosa. 1995.
Geselliges Beisammensein
Reisen: Durchreise/Gepäck/Alter Hut/Anna die Fünfte/Abgefertigt/Verfahren/Fahrkarte bitte/Ausgebuchtet/Mitfahren/

Das Gefrierhaus: Der Filetiertisch/Die Gefrierpfanne/Die Heringstonne/Hering packen/Die Gummihandschuhe/Das Fischfilet/Hummer brechen/Arbeitnehmer – Arbeitgeber/Durchzug/Das Licht/Der Schlafsaal/Das Wasser/Der Rabe/Die südliche Bucht/Der Vogel Lündi/Der Obsidian/Die Tuffbreksie/Der Möwenfriedhof

Teppichweberei: Herr Schelsky – ein Weber/Der Organist/Jonina – die Gütekontrolleurin/Die Versandabteilung/Stella und der Werkstudent/Julklapp/Herr Jons – der Chef/Herr Julius Jons – der Gründer

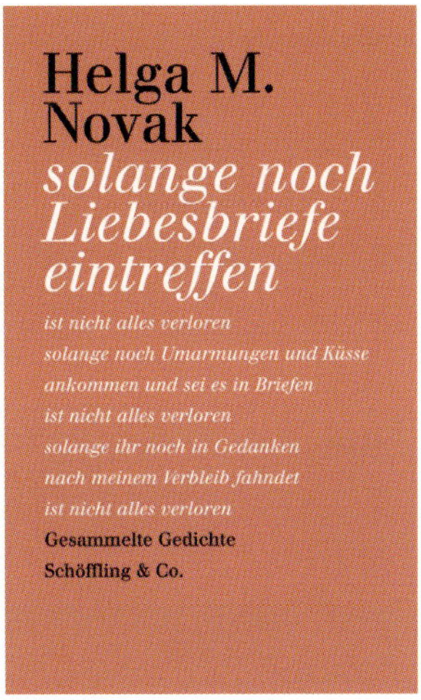

Geselliges Beisammensein: Schlager und Co./Das Gutachten/Kräftig essen/Entkommen/Brandenburger/Doppelte Kletterweiche/Das Anrecht/Eierlikör/Hauswein/Schlittenfahren/Eis/Geselliges Beisammensein

Wohnhaft im Westend
Wohnhaft? Im Westend

Aufenthalt in einem irren Haus
Berenike ist weg/Einblick in das Haus gegenüber/Lehrgang im Juni/Sizilianische Vesper in Briefen/Palisaden oder Aufenthalt in einem irren Haus

Die Landnahme von Torrebela
Grundriß/Interieur/Die Landnahme I/Wespenschwärme in der Kelterei/Die Ölpresse/Brachland I/Bragança/Deputat-Wein/Die Landnahme II/Für Landarbeiter verboten/Vierzig Stühle/Brachland II/Ein Latifundista/›Der Korken‹/Eukalyptus I/Rotes Mahagoni/Ballade von der Zinnkönigin/Die Landnahme III/Gespenster/Eukalyptus II/Wenn es nicht bald regnet/Der Pflug/Erster Versuch, das Landgut Bafoa zu besetzen/Die Nüsse der Schweine/Bourgeoise Sorte/Angebot und Nachfrage/Die Landnahme IV/Reminiszenzen/Land ohne König/Eukalyptus III/Losungen – die in Rauch aufgehen/Portugiesisches Weiß/Bombe!/

Die Landnahme v/Oliven pflücken/Zweiter Versuch, das Landgut Bafoa zu besetzen/Kleiderspende/Nach der Demonstration/Die Landnahme VI/Tagträume/Die Seefahrer kehren heim. 1. Brief aus der Pombalinischen Stadt/Bacalhau – ein Erbe der Normannen/Warum nicht bleiben/Paradiesgarten *nach dem Bild eines mittelrheinschen Meisters um 1420*/Die Hirschkuh/Die Nacht von Buraca. 2. Brief aus der Pombalinischen Stadt/Internationale/Streit bei der Arbeit/Alte Laken/Vision vom Ende eines Picadors/Nachtwache/Der neue Generator

Palisaden
In der Luft hängen/Kleopatra/Hauptpost/Sprechzeit/Monolog eines Buchhändlers

Reise einer Nihilistin nach Verona im späten Herbst
Reise einer Nihilistin nach Verona im späten Herbst/Brief aus Kanton/Reise nach Rumänien/Portrait einer polnischen Greisin
Nachweise
344 Seiten. Gebunden
ISBN 3-89561-111-5

Helga M. Novak
Die Eisheiligen/Vogel federlos

Zwei Bände. 1998.
[*Die Eisheiligen.* EA: Darmstadt: Luchterhand 1979.
Vogel federlos. EA: Darmstadt: Luchterhand 1982]
616 Seiten. Kartoniert in Schuber
ISBN 3-89561-113-1

Helga M. Novak
Silvatica
Gedichte. 1997.
96 Seiten. Gebunden
ISBN 3-89561-112-3

2. Auflage 1998

Helga M. Novak
solange noch Liebesbriefe eintreffen
Gesammelte Gedichte
Herausgegeben von Rita Jorek
Mit einem Nachwort von Eva Demski. 1999.
812 Seiten. Gebunden
ISBN 3-89561-114-X

Günter Ohnemus
Der Tiger auf deiner Schulter
Roman. 1998.
208 Seiten. Gebunden
ISBN 3-89561-290-1

2. Auflage 1999

Lizenzausgaben:
Frankfurt am Main: S. Fischer 2001 (= Fischer Taschenbuch 14567)
Frankfurt am Main: S. Fischer 2001 (= Fischer Taschenbuch 80353)
Frankfurt am Main: Büchergilde Gutenberg 1999
Hämeenlinna: Karisto Oy 2000
Arles: Actes Sud 2004

Markus Orths
Corpus
Roman. 2002.
220 Seiten. Gebunden
ISBN 3-89561-094-1

Lizenzausgabe:
München: Ullstein Heyne List 2003 (= Diana Taschenbuch 371)

Markus Orths
Lehrerzimmer
Roman. 2003.
164 Seiten. Gebunden
ISBN 3-89561-095-X

2. Auflage 2003
3. Auflage 2003
4. Auflage 2003
5. Auflage 2003

6. Auflage 2003
7. Auflage 2004
8. Auflage 2004
9. Auflage 2004 (= Sonderausgabe. ISBN 3-89561-096-8)

Lizenzausgaben:
München: Deutscher Taschenbuch Verlag 2004 (= dtv 13269)
Amsterdam: Podium 2004

Markus Orths

Wer geht wo hinterm Sarg?

Erzählungen. 2001.
Im Stühlinger/Der Gräber/Filmmusik/Wer geht wo hinterm Sarg?/Im Jahr des Drachen/Vom Reisen/Brief eines Butlers/Schlusslichter/Sieben Arten, dem Tod zu begegnen/Hinweise für den, der nicht weiß, wer er ist/Drei lange Weilen/Ritt durch den Baum/Likör und Pantoffel/Schweinesee/Backgammon/Kloses Unfall/Krakenkampf
160 Seiten. Gebunden
ISBN 3-89561-093-3

Lizenzausgabe:
München: Random House 2004 (= Diana Taschenbuch 393)

Papa liebt Dich!

Illustriert von Jutta Bauer. 1998.
T. C. Boyle, Kahlköpfige, greinende Wesen/Roland Koch, Einunddreißig Erinnerungen/Rüdiger Dilloo, Dilemma machen mäh/Franz Hohler, Im Gebärsaal/Leon de Winter, Rosig, zart und sahnig/Ernst-Ludwig von Thadden, Oh, Baby! Oh, bébé!/Arno Makowsky, Lauras Zahn macht mich glücklich/Gert Heidenreich, Still, Vater, still!/Roland Koch, Hundertzweiundzwanzig Kalorien für Pünktchen/Michael Miersch, Die Gesetze des Dschungels/Burkhard Spinnen,

Entsorgung/Erik Fosnes Hansen, »Immer den Hügel aufwärts«/Martin Fraas, Liebe im Zeitraffer/Klaus Modick, Dreifache Schulzeit/Rüdiger Dilloo, Siebeck, Sie halten sich raus!/Dirk van Versendaal, Verflucht noch mal/Hajo Steinert, »Hier stinkt's Papi!«/Michael Grill, »Bist du auch mein Papa?«/Michael Miersch, Von mir hat er das nicht!/Jan Kolbaum, Ich liebe Kindergeburtstage!/Rüdiger Dilloo, Aprikose in der Hose/Franz Hohler, Zu Hause/Roland Koch, Dreiundachtzig Ratschläge/Uwe Bork, Ein gewisser Hang zur Größe/Klaus Modick, Haustiere/Dirk van Versendaal, »Da wächst am Sonntag meine Schwester«/Michael Miersch, Stammt mein Kind vom Affen ab?/Harald Kiesel, »Papa, wann ...«/Uwe Kolbe, Kurzer Brief über Viktors erste Tage/Nachweise
132 Seiten. Gebunden
ISBN 3-89561-053-4

2. Auflage 1998

Inka Parei
Die Schattenboxerin
Roman. 1999.
184 Seiten. Gebunden
ISBN 3-89561-105-0

2. Auflage 1999
3. Auflage 2000

Lizenzausgaben:
Frankfurt am Main: Fischer 2001 (= Fischer Taschenbuch 14869)
Frankfurt am Main: Büchergilde Gutenberg 2000
Paris: Éditions Pauvert 2001
Stockholm: Norstedts 2001
Barcelona: Acantilado/Quaderns Crema 2002
Shanghai: Shanghai Translation House 2002
Taipei: New Rain 2002

Turin: Blu Edizioni 2004
Zagreb: 90 stupnjeva 2004
Belgrad: Fabrika knjiga 2004
Istanbul: Can Yayinlari (in Vorbereitung)

Arthur Phillips
Prag
Roman
Aus dem Amerikanischen von Sigrid Ruschmeier. 2003.
[*Prague*. New York: Random House 2002]
532 Seiten. Gebunden
ISBN 3-89561-148-4

2. Auflage 2003

Lizenzausgaben:
München: Goldmann Taschenbuch (in Vorbereitung)
Rheda-Wiedenbrück: Bertelsmann Club (in Vorbereitung)

Hans Pleschinski
Brabant
Roman zur See. 1995.
560 Seiten. Gebunden
ISBN 3-89561-100-X

2. Auflage 1995

Lizenzausgaben:
Reinbek: Rowohlt 1998 (= Rowohlt Taschenbuch 13875)
München: Deutscher Taschenbuch Verlag 2004 (= dtv 13194)
[Revidierte Neuausgabe. Mit einem Nachwort von Hans-Rüdiger Schwab]
Utrecht: Uitgeverij Het Spectrum 1998

Hans Pleschinski
Byzantiner und andere Falschmünzer
Elf Lichter im Dunkel
Mit zahlreichen Abbildungen. 1997.
Vorwort/»Ich beherrsche die Erde und bis zum Äther reich' ich.« *Byzanz – Aus der Geschichte eines Gottesreichs*/»Ein langer Hals ist nur zum Aufhängen gut.« *Die Memoiren Katharinas der Großen*/Der Mensch – Ein einsamer Held. *Pierre Corneille*/Mit der Schreibschaufel durch Versailles. *Die Memoiren des Herzogs von Saint-Simon*/Versailles. *Ein Schlußakkord*/Credo – Die Freiheit des Denkens. *Über Voltaire*/Cleopatras Tod in Deutschland. *Andeutungen zu Lohenstein*/»Kein Lenz vermag mein ewig Leid zu mindern.« *Ein deutscher Frühling. Ewald von Kleist*/Der große Aufbruch. *Graf Montgelas*/Chaldäische Wagnereien. *Theaterträume des Fin de siècle*/Die unzählige Welt. *André Gide*/Bibliographie/ Verzeichnis der Abbildungen und Collagen
352 Seiten. Gebunden
ISBN 3-89561-101-8

Jennifer Poehler
Türkises Alphabet
Gedichte. 1994.
80 Seiten. Gebunden
ISBN 3-89561-500-5

Elisabetta Rasy
Das Meer beginnt in Neapel
Roman
Aus dem Italienischen von Michaela Wunderle. 1999.
[*Posillipo.* Mailand: Rizzoli 1997]
184 Seiten. Gebunden
ISBN 3-89561-632-X

Lizenzausgabe:
München: Piper 2001 (= Serie Piper 3122)

Jens Rehn
Nichts in Sicht
2003.
[EA: Berlin, Neuwied: Luchterhand 1954]
164 Seiten. Gebunden
ISBN 3-89561-147-6

Lizenzausgaben:
Chicago: The University of Chicago Press (in Vorbereitung)
Paris: Albin Michel (in Vorbereitung)
Moskau: Ast-Press (in Vorbereitung)

Karin Reschke
Birnbaums Bilder
1998.
164 Seiten. Gebunden
ISBN 3-89561-210-3

Lizenzausgabe:
München: Piper 2000 (= Serie Piper 2904)

Karin Reschke
Von Schleswig nach Holstein
Skizzen vom Ostseestrand. 1999.
Brief von der Ankunft/Bilder aus Schleswig. Ein Umzug/Schmoel/Laboe/-Hohwacht/Waterneverstorf, Gezeitengemurmel/Brief aus Preetz/Herbststurm/Panker, Hessenstein/Brief aus Lütjenburg/Eutin/Dieb in Neuhaus/Brief aus Selent/Die Gräfin von Salzau/Die Rantzaus. Nacherzählte Chronik/Quartett im Rittersaal zu Plön/Matthias Claudius in Emkendorf/Zweidrei Dinge über Lübeck/Schröders Travemünde/Zwischen Tür und Angel
144 Seiten. Gebunden
ISBN 3-89561-568-4

Sabine Riedel
Ende der Ausgangssperre
Sarajevo nach dem Krieg. 1997.
Samstag auf der Maršala Tita/Joint endeavour oder 60.000 Mann für den Frieden/Samir oder Der Traum von Amerika/Gordana oder Der falsche Name/Paddys Männer/Emin, Armin und der Maler oder Ein Joint unter Freunden/Mirsad oder Die Suche nach Vermißten/Steve, Georgina und ich oder Journalisten in Sarajevo/Zeittafel/Danksagung
144 Seiten. Gebunden
ISBN 3-89561-190-5

Peter Rühmkorf
Auf Wiedersehen in Kenilworth
Ein Katzen-Märchen in dreizehn Kapiteln
Mit [farbigen] Zeichnungen von Albert Schindehütte. 1999.
[EA: Frankfurt am Main: Fischer 1980 (= Fischer Taschenbuch 2199)]
224 Seiten. Gebunden
ISBN 3-89561-260-X

Lizenzausgabe:
Taipei: Asian Culture 2002

Vita Sackville-West/Harold Nicolson
Sissinghurst
Portrait eines Gartens
Zusammengestellt von Julia Bachstein
Aus dem Englischen von Susanne Lange. 1997.
140 Seiten. Gebunden
ISBN 3-89561-557-9

2. Auflage 1997
3. Auflage 2002

Vita Sackville-West
Mein Frühlingsgarten
Aus dem Englischen von Gabriele Haefs
Mit farbigen Photographien von Marion Nickig. 1998.
144 Seiten. Gebunden
ISBN 3-89561-660-5

Vita Sackville-West
Mein Sommergarten
Aus dem Englischen von Gabriele Haefs
Mit farbigen Photographien von Marion Nickig. 1998.
144 Seiten. Gebunden
ISBN 3-89561-661-3

Vita Sackville-West
Mein Herbstgarten
Aus dem Englischen von Gabriele Haefs
Mit farbigen Photographien von Marion Nickig. 1998.
144 Seiten. Gebunden
ISBN 3-89561-662-1

Vita Sackville-West
Mein Wintergarten
Aus dem Englischen von Gabriele Haefs
Mit farbigen Photographien von Marion Nickig. 1998.
144 Seiten. Gebunden
ISBN 3-89561-663-X

[*In Your Garden.* London: Michael Joseph 1951; *In Your Garden Again*. London: Michael Joseph 1953; *More For Your Garden*. London: Michael Joseph 1955; *Even More For Your Garden*. London: Michael Joseph 1958.
Julia Bachstein besorgte aus diesen vier Büchern die Auswahl.]

Lizenzausgabe:
Vita Sackville-West, *Mein Garten* [Vier Bücher in einem Band.]
München: Piper 2001 (= Serie Piper 3158)

Peter Sager
England, mein England
Britische Begegnungen. 1996.
Sunny periods in Southwold. *Ein Ort für Einzelgänger und Exzentriker*/Feine Leute im Freien. *Thomas Gainsborough in Suffolk*/The Tate of the West. *Die Schule von St. Ives*/Die Schwestern Brontë. *Ein Besuch in Haworth*/Dylan Thomas in Wales. *Dichter unter dem Milchwald*/Lady Ottoline Morrell in Garsington. *Große Oper im Garten*/Die Churchills von Blenheim Palace. *Dallas in Oxfordshire*/Lady Victoria in Burghley House. *Sir Spirits wackere Erben*/Schirmherren über Schlösser & Schafe. *Der National Trust*/Der Bestseller-Lord. *Jeffrey Archer in Grantchester*/Das Aldeburgh-Festival. *Pastorale mit Nebengeräuschen*/Houghton Hall. *Der schönste Zierfisch der Monarchie*/Mitten in Wales. *Die Ladies von Llangollen*/Kamasutra mit Lord Bath. *Englands Alt-Hippie auf Schloß Longleat*/ Nachbemerkung/Nachweise
152 Seiten. Gebunden
ISBN 3-89561-548-X

2. Auflage 2000

Lizenzausgabe:
Schwäbisch Hall: Steinbach Sprechende Bücher 2000

Peter Sager
Englische Gartenlust
Von Cornwall bis Kew Gardens. 1999.
Flora im Kristallpalast. *Kew Gardens*/Die Blumen des Toten. *Derek Jarman in Dungeness*/Sir Geoffreys kleine Wassermusik. *Zwei Jellicoe-Gärten: Sutton und Shute*/Königin der Blumenrabatten. *Gertrude Jekyll*/Ein Platz für Zier-Eremiten. *Painshill Park in Surrey*/Hummer im Grünen: Ivan Hicks. *Eine Geschichte aus drei Gärten*/Warum ist Heligan so sexy? *Das Gartenwunder von Cornwall*/ Spielwiesen der Gelehrtenrepublik. *Collegegärten in Oxford*/Einer sprang über den Gartenzaun. *William Kent in Rousham*/Im Rausch der Düfte. *Kräutergärten,*

kriminell und kulinarisch/Figuren immergrüner Phantasie. *Von Irrgärten und Heckenschneidern*/Die Natur des Universums. *Im Chaosgarten von Charles Jencks*/Nachwort: *Von englischer Gartenlust*/Adressen und Öffnungszeiten/ Literaturhinweise/Nachweise
160 Seiten. Gebunden
ISBN 3-89561-567-6

2. Auflage 2000
3. Auflage 2002

Peter Sager
Englische Landschaften
Unterwegs in Suffolk und Norfolk. 2001.
O Kersey, o Cavendish. *Noch steht die Kirche im Dorf*/Engeldecken, Schattenfüßler. *Church-crawling in Suffolk*/»Plenty of plum-pudding«. *Parson Woodfordes Tagebücher*/Fish & Chips in Dunwich. *Ein Ausflug nach Vineta*/Renaissance der toten Seelen. *Wingfield College, Framlingham Castle*/Ickworth. *Wie Lord Bristol zu Goethe kam und das Bristol-Hotel zu seinem Namen*/Euston Hall. *Ein Herzog für den Denkmalschutz*/Newmarket. *Züchter, Zocker, blaue Reiter*/Tod in Witham. *Dorothy L. Sayers*/Mord im Glockenstuhl. *Die Kunst des Wechselläutens*/ Cotman & Co. *Die stillen Revolutionäre der Heimatkunst*/Die Broads. *Nationalpark im Wartestand*/Holkham Hall. *Der Ackermann und die Kunst*/Twitchers und Säbelschnäbler. *Wo Nelson segeln lernte*/Sandringham. *Wo die Queen Silvester feiert*/Nachbemerkung
160 Seiten. Gebunden
ISBN 3-89561-575-7

Peter Sager
Oxford & Cambridge
Eine Kulturgeschichte
Mit zahlreichen farbigen Photographien. 2003.

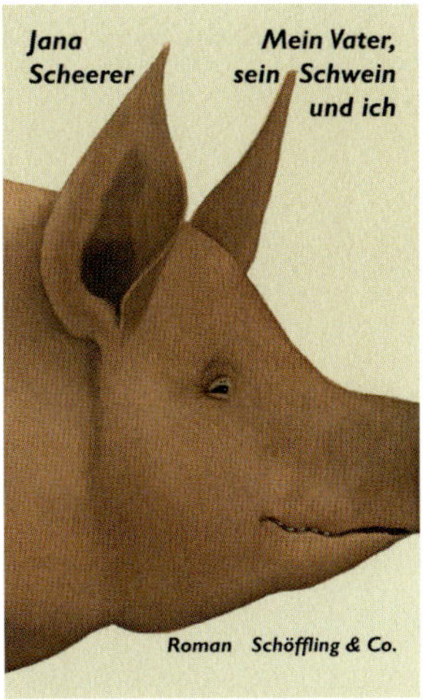

472 Seiten. Leinen
ISBN 3-89561-670-2

Sonderausgabe. Kartoniert. 2004.
ISBN 3-89561-671-0

Lizenzausgaben:
Darmstadt: Wissenschaftliche Buchgesellschaft 2003
London: Thames & Hudson (in Vorbereitung)
Taipei: Eurasia (in Vorbereitung)
Beijing: Citic (in Vorbereitung)
Seoul: Kapin Media (in Vorbereitung)

Rolando Sánchez Mejías
Geschichten von Olmo

Aus dem Spanischen von Thomas Brovot. 2003.
[*Historias de Olmo*. Madrid: Ediciones Siruela 2001]
Nachricht von Olmo
Geschichten von Olmo

Olmo kann nicht denken/Zwischenzustand/Beweise/Von der Einsamkeit der Ereignisse/Gesumm/Perspektiven/*Logicus angelicus*/Wolken/Schriftsteller/Mächte/Warnung/Draußen wie drinnen/Bis auch du verraten wirst/Olmo sitzt in der Redaktion und beantwortet einen Leserbrief/Inflationäres System/Lehrling/Konvention/Acheron/*Borderline*/Lieber Gott/Prinz von Dänemark/Analytische Beziehungen/Olmos Brief an einen Verleger/Olmo glaubt, daß er stirbt/Siesta/Nachdenkliche Haltung/Brieflich/Besuch/Radikale Positionen/Gesetze des Traums/Form der Poesie/*Similia similibus curantur*/Bunker/Die Maschine/Silber/Dostojewski, Erster Teil, VII. Kapitel/Olmo erzählt von seiner Reise nach Patmos (Erste Fassung)/Olmo erzählt von seiner Reise nach Patmos (Zweite Fassung)/Olmo erzählt von seiner Reise nach Patmos (Dritte Fassung)/Küchenmeister/Türken/Hart zu kratzen/*Innamorato*/Vom Gebrauch der Metaphern/Flügel oder Nägel oder Klauen/*Rigor mortis*/Erziehung des Herzens/Beschämt/Enttäuschung/Am See/Nationaler Realismus/Ein Auge sieht dich immer/Halt fest an dir und bleib so/Nachwuchs aus jüngster Fertigung/*Blatta orientalis*/Grillen flogen aus seinem Kopf/»Das Auge des Kutschers«/Olmo in Murnau/Reise nach China/Später/Mitten in einer ernsthaften Geschichte/Sonne/Geschäftsmann/Odradek/Gebrauchsanweisung zum Hinuntersteigen einer Treppe/Schön wie eine Chrysantheme/Troddeln/Mond/Knäuel/An jeder Seite einer/Ein Haar von Buddha/Das Haus ruhte still, und die Welt/Fahrten/Levitationen
Umschlagzeichnung von Volker Kriegel
112 Seiten. Gebunden
ISBN 3-89561-151-4

Jana Scheerer
Mein Vater, sein Schwein und ich
Roman
Mit einer Umschlagzeichnung von Nikolaus Heidelbach. 2004.
148 Seiten. Gebunden
ISBN 3-89561-350-9

Esther Scheidegger
Das Tessin
1998.
Verliebt ins Tessin/Paradiesvögel in Ascona/Collina d'Oro: Goldsucher/Morcote: Scherrers Lust/Lugano: Teurer Schandfleck im Paradies/Am italienischsten: Das Mendrisiotto/Die Küche: Oggi Busecca/Bellinzona: Eine chinesische Mauer/ Centovalli: Ihres Glückes Schmied/Durchreisende und Bleibende/13 Gründe, sich ins Tessin zu verlieben
120 Seiten. Gebunden
ISBN 3-89561-565-X

Hans Scherer
Côte d'Azur
1998.
Vorwort/Die Wahrheit über die Croisette. *Cannes*/ZanziBar/Für Picasso/Das irritierende Licht. *Über Kunst, Architektur und Literatur*/Der Hund war schuld. *Ein Ausflug in die Provence*/Mein Villefranche/Vom Zauber des Verblichenen. *Nizza*/Königssöhne/N für Napoleon/Von Menton bis Antibes
152 Seiten. Gebunden
ISBN 3-89561-562-5

Lizenzausgabe:
Taipei: Sunbright 2000

Hans Scherer
Pariser Passagen
Unterwegs in Frankreichs Hauptstadt. 1996.
Nachtmenschen sind Vielfresser oder: Endlich auf Tour X/An Heines Grab/Aus dem Tagebuch. Paris, Im August/Über die Liebe zum Tod/Wilde Nächte/Hotels, die einen Umweg lohnen/Durch den Kanaltunnel/Für die Hunde/Pariser Passagen/Genet ist tot/Sünden über Sünden/Geheimnisse der Küche/Der Hunger, die Kälte und ein tanzender Hund

132 Seiten. Gebunden
ISBN 3-89561-547-1

2. Auflage 2000

Lizenzausgaben:
Schwäbisch Hall: Steinbach Sprechende Bücher 1998
Taipei: Sunbright 2000

Norbert Scheuer
Der Steinesammler
Roman. 1999.
208 Seiten. Gebunden
ISBN 3-89561-300-2

Bernd Schiller
Vom Zauber Asiens
1996.
Vorbemerkung. Vom Maß der Wahrheit und von der Suche nach der Ursprünglichkeit/Sri Lanka. Der Traum und die Wirklichkeiten/Taiwan. Jenseits von China/Burma. On the road to Mandalay/Laos. Gestern, am Mekong/Hongkong. Line 29, Endstation Sehnsucht/Thailand. Der achtfache Pfad/Thailand. Der Kopf des Elefanten/Indien. Monsun/Indien. Vasco da Gama, Krishna und Herr Cohen/Indien. Die Ente ist ein Fisch/Philippinen. Der Weg nach Zamboanga/Nepal. Das vierte Leben/Bali. Ein Morgen in Kemenuh/Malakka. Der König der Straße
132 Seiten. Gebunden
ISBN 3-89561-554-4

Lizenzausgabe:
Schwäbisch Hall: Steinbach Sprechende Bücher 1999

Jochen Schimmang
Königswege

1995.
Intimität oder Das Mädchen mit dem Perlenohrgehänge/Schieres Glück/Das schönste Mädchen der Stadt schlägt die Bälle übers Netz zurück.
264 Seiten. Gebunden
ISBN 3-89561-090-9

Lizenzausgabe:
München: Goldmann 1997 (= btb 72162)

Jochen Schimmang
Ein kurzes Buch über die Liebe

Roman. 1997.
320 Seiten. Gebunden
ISBN 3-89561-091-7

2. Auflage 1997

Lizenzausgaben:
München: Goldmann 2000 (= btb 72294)
Vilnius: Alma Littera 2003

Jochen Schimmang
Vertrautes Gelände, besetzte Stadt

1998.
136 Seiten. Gebunden
ISBN 3-89561-092-5

Karla Schneider
Rückkehr nach Podgoritza
Roman. 2001.
424 Seiten. Gebunden
ISBN 3-89561-082-8

Arthur Schnitzler
Corso am Ring
Erzählungen aus Wien
Herausgegeben von Burkhard Spinnen. 2002.
Der tote Gabriel/Er wartet auf den vazierenden Gott/Der Witwer/Ein Erfolg/Die Braut/Der Empfindsame/Komödiantinnen/Exzentrik/Wohltaten still und rein gegeben/Das neue Lied/Die Fremde/Nachwort
152 Seiten. Gebunden
ISBN 3-89561-579-X

Wilfried F. Schoeller
Nach Berlin!
Reportagen. 1999.
Der Stechlin. *Wanderung um ein Gewässer*/Die unübersehbare Landkarte. *Mustersiedlung Sachsenhausen*/Letzter Ritter und Liebessklave. *Fouqué in Nennhausen*/Wandlitz oder Der soziale Wohnungsbau/Das Rückzugsrevier des späten Brecht. *Buckow und seine Elegien*/Nach Berlin! *Das Kapitulationsmuseum in Karlshorst*/Nachrede auf eine Übergröße. *Gerhart Hauptmann in Erkner*/Die Avenue der Arbeiterpaläste. *Ein Streifzug über die Karl-Marx-Allee*/Baustelle der Berliner Republik. *Der Potsdamer Platz*/Topographie des Terrors. *Eine Geschichte vom Gedenken*/Zentrale des Lichts. *Die Wannsee-Villa des Malers Max Liebermann*/Passage der Verräter. *Die Glienicker Brücke*/Chausseen – Kreuzwege der Flucht. *Peter Huchel in Wilhelmshorst*/Die verbotene Stadt. *Das Hauptquartier Wünsdorf*
160 Seiten. Gebunden
ISBN 3-89561-569-2

Margit Schreiner
Die Eskimorolle

2004.
[EA unter dem Titel *Die Unterdrückung der Frau, die Virilität der Männer, der Katholizismus und der Dreck.* Zürich: Haffmans 1995]
1. Teil: Anfangs/Onkel Hans/Onkel Franz/Onkel Fritz/Hans-Peter/Wicki/Der Matrose/Billi und Michael/Vater/Kleofas/Die Beichte/Einmarsch/Bescherung/Der alte Mann aus dem Keller/Mitgliederversammlung/Kommunistische Weihnacht/Der Club der politisch interessierten Frau/Die Eskimorolle
2. Teil: Die Unterdrückung der Frau, die Virilität der Männer, der Katholizismus und der Dreck/Die Taube/Kuchenbacken/1990/Der Apotheker/Der alte Mann/Gina/Sophia/Anna
192 Seiten. Gebunden
ISBN 3-89561-275-8

Lizenzausgabe:
München: Goldmann Taschenbuch (in Vorbereitung)

Margit Schreiner
Haus, Frauen, Sex.
Roman. 2001.
208 Seiten. Gebunden
ISBN 3-89561-271-5

1. Auflage Zürich: Haffmans 2001
2. Auflage [bislang nicht ermittelt] Zürich: Haffmans 2001
3. Auflage [= erste Auflage bei Schöffling & Co.] 2001
4. Auflage 2001

Lizenzausgaben:
München: Random House 2004 (= Goldmann Taschenbuch 45614)
Amsterdam: Arbeiderspers 2003
Allahabad: Ittihaas Bodh Prakashan 2004

Margit Schreiner
Heißt lieben
2003.
Tod/Hochzeit/Und eine Geburt
152 Seiten. Gebunden
ISBN 3-89561-273-1

2. Auflage 2003
3. Auflage 2003

Lizenzausgabe:
München: Goldmann Taschenbuch (in Vorbereitung)

Margit Schreiner
Mein erster Neger
2002.
304 Seiten. Gebunden
[*Die Rosen des Heiligen Benedikt*. EA: Zürich: Haffmans 1989
Mein erster Neger. EA: Zürich: Haffmans 1990]

Die Rosen des Heiligen Benedikt. Liebes- und Haßgeschichten
Scheidung auf österreichisch/Der Rechtsanwalt/Der Senner von der Kargeralm/Hassan/Bergheimerstraße Nr. 3/Der Glückwunsch/Der Schergentoni/Die Rosen des Heiligen Benedikt/Ein Zwischenfall/Der alte Mann und das Mädchen/Nachts/Der Brief/Lucie sagt/Die Bindermichler/Über das Geschlecht
Mein erster Neger. Afrikanische Erinnerungen
Ankunft in Afrika/Die Mission/Vater/Mein erster Neger/Hendrich/Der Mann, der sein Pferd suchte/Befreiung/Die Hitsch und ihr Mann/Fressen/Der nordische Mensch/Safari-Lodge »Ernest Hemingway«/Übrigens: Habibi/Die Onkel-Story/Kenia/Der Junge und sein Hund/Das Abschiedsfest
304 Seiten. Gebunden
ISBN 3-89561-272-3

Lizenzausgabe:
München: Goldmann Taschenbuch (in Vorbereitung)

Margit Schreiner
Nackte Väter
Roman. 2004.
[EA: Zürich: Haffmans 1997]
148 Seiten. Gebunden
ISBN 3-89561-274-X

Lizenzausgabe:
München: Goldmann Taschenbuch (in Vorbereitung)

Adolf Schröder
Der fremde Junge
Roman. 1996.
344 Seiten. Gebunden
ISBN 3-89561-180-8

Lizenzausgaben:
München: Piper 1998 (= Serie Piper 2597)
Paris: Flammarion 1999

Adolf Schröder
Das Kartenspiel
Roman. 2001.
208 Seiten. Gebunden
ISBN 3-89561-181-6

Lizenzausgaben:
München: Piper 2003 (= Serie Piper 3693)
Amsterdam: Ambo|Anthos 2002
Kopenhagen: Cicero 2003
Paris: Flammarion 2003

Michael Schulte
Allein in schlechter Gesellschaft
Das Leben des Ambrose Bierce
Mit zahlreichen Abbildungen. 1998.
248 Seiten. Gebunden
ISBN 3-89561-603-6
[Wegen Plagiats makuliert]

Michael Schulte
New York City
Stadt der hundert Städte. 1997.
Droge New York/Stinkend und laut, aber schnell. Wie die Subway New York veränderte/Das ewige Konzert/Little Italy in der Bronx/Bockwurst und Hummer/Man kennt weder Staubsauger noch Vorschriften. Zur Geschichte des Chelsea Hotels/Going Out of Business. Buchhandlungen und Antiquariate/Evangelium einer jüdischen Atheistin. Louise Nevelsons Kapelle in St. Peter's Church/Das unsichtbare Wandgemälde
120 Seiten. Gebunden
ISBN 3-89561-555-2

Lizenzausgabe:
Schwäbisch Hall: Steinbach Sprechende Bücher 1999

Michael Schulte
Unbekannt verzogen
Roman. 1995.
384 Seiten. Gebunden
ISBN 3-89561-080-1

Lizenzausgabe:
Frankfurt am Main: Fischer Taschenbuch 1997 (= Fischer Taschenbuch 13268)

Michael Schulte
Zitroneneis
Erzählungen. 1996.
Sylvia/Museumsdirektor/Mona Lisa/Antonius/Ärzte/Bier/Wahnsinnsarie/Oper/Goldfisch/Anfänge/Hühner/Indianer/Fenster/Künstlerglück/Eltern/Telephon/Hausmeister/Samstag/Tolstoi
260 Seiten. Gebunden
ISBN 3-89561-081-X

Wolfram Siebeck
Frau Hoffmanns Erzählungen
Mit Zeichnungen von Konstanze Berner. 2003.
112 Seiten. Gebunden
ISBN 3-89561-265-0

Lizenzausgabe:
München: Goldmann (in Vorbereitung)

Andrea Simmen
Der eingeschneite Hund
Roman. 2001.
Umschlagzeichnung von Greser & Lenz
148 Seiten. Gebunden
ISBN 3-89561-121-2

Andrea Simmen
Vielleicht heißt er Paul
1995.
136 Seiten. Gebunden
ISBN 3-89561-120-4

Eugen Skasa-Weiß
Die Kunst zu schnurren
Die schönsten Katzengeschichten von Eugen Skasa-Weiß
Mit farbigen Photographien von Wolfgang Lauter. 1998.
136 Seiten. Gebunden
ISBN 3-89561-702-4

2. Auflage 1999

Lizenzausgaben:
München: Piper 2000 (= Serie Piper 2906)
Warschau: Wydawnictwo Wiedza i Zycie 2000
Taipei: Crown 2002

Ulrich Sonnenberg
Hans Christian Andersens Kopenhagen
Ein Reise- und Lesebuch. 1996.
128 Seiten. Gebunden
ISBN 3-89561-549-8

Lizenzausgabe:
Taipei: Sunbright 2000

Ulrich Sonnenberg
Hans Christian Andersens Kopenhagen
Ein Reise- und Lesebuch
Mit Photographien von Rainer Groothuis. 2004.
184 Seiten. Gebunden
ISBN 3-89561-583-8

Burkhard Spinnen
Belgische Riesen
Roman
Einbandzeichnungen von Nikolaus Heidelbach. 2000.
292 Seiten. Halbleinen
ISBN 3-89561-034-8

2. Auflage 2000

Lizenzausgaben:
München: Goldmann 2002 (= btb 72817)
München: Goldmann (Omnibus, in Vorbereitung)
Frankfurt am Main: Büchergilde Gutenberg 2001
Madrid: Siruela 2001
Taipei: New Sprouts 2002
Warschau: Grupa Wydawnicza Bertelsmann Media 2002
Mailand: Fabbri/RCS Libri 2003
Shanghai: Shanghai Translation House 2003
Budapest: Európa Könyvkiadó 2003
Warschau: Swiat Ksiazki 2003
Tokio: Tokuma Shoten (in Vorbereitung)
Sao Paulo: Companhia das Letras (in Vorbereitung)
Tbilissi: Ibis (in Vorbereitung)

Burkhard Spinnen liest aus Belgische Riesen
Schöfflings HörBar. 2 CDs. 2000.
Spielzeit: CD 1: 60:00 Min. CD 2: 60:35 Min.
ISBN 3-89561-036-4

Burkhard Spinnen
Bewegliche Feiertage
Essays und Reden. 2000.
Einen Roman für Karl Kraus: Coco ist an allem schuld. *Erinnerung an ein wichtiges Buch*/Einen Roman für Karl Kraus. *Poetik-Vorlesung, Duisburg 1997*/Enthüllung, Naivität, Widerstand. *Über den Abschied von der Avantgarde*/Mein Jahr im Netz. *Zwischen Kulturpessimismus und eigener Homepage*/Brief an den Verlag Sanssouci, die erbetene Satire betreffend.
Verblüffend normal: Arzt gegen Dichter. *Über zwei frühe Texte Arthur Schnitzlers*/ Idyllen in der Warenwelt. *Peter Altenbergs »Prodromos« und die Sprache der Werbung*/Im Sprach-Exil. *Über Kurt Tucholskys »Schloß Gripsholm«*/Zauberwort am Dümmer. *Über Arno Schmidts »Seelandschaft mit Pocahontas«*/Auf der anderen Seite der Satire. *Über Eckhard Henscheids »Maria Schnee«*/»Verblüffend normal«. *Über Nicholson Bakers Romane.*
Tempusfehler: Sonnenstraße 76. *Roman über den Nachbar*/Berliner Thema. *Über einen ungeschriebenen Roman*/Tempusfehler. *Am Potsdamer Platz*/Platte und Modul. *Poetologische Phantasie*
Das Event Literatur: Vom Überfluß der Literatur. *Vortrag beim Autoren-Treffen »Ein Tunnel über der Spree«, Berlin 1997*/Autor und Kritiker. *Vortrag vor einem Seminar junger Literaturkritiker, 1996*/Literatur und Geld oder Das Risiko der

Verständigung. *Vortrag in der Reihe »Knete für Konjunktive?«, Dortmund 1998*/ Das Event Literatur. *Vortrag beim Autoren-Treffen »Ein Tunnel über der Spree«, Berlin 1998.*
Die Spitze des Durchschnitts: Genre statt Chaos. *Öffentliches Leben als Trivialroman*/Die Spitze des Durchschnitts: Wetten daß..? *Genealogie und Anatomie der Spielshow*/Mehr als tausend Worte. *Über Programmzeitschriften*/Okochaaaa! *Wie der deutsche Fußball aus der Krise kam*/Die leere Mitte. *Beitrag zum »Handbuch der Unternehmenskommunikation«*/Antwort an die Herausgeber der Anthologie »Schluß mit dem Jahrtausend«.
Im alten Westen: Erzählen Geschichten auch Geschichte? *Antwort auf eine Anfrage der Deutschen Literaturkonferenz, Leipzig 1995*/»Entschuldigung! Haben Sie gedient?« *Versuch, als Schriftsteller über Krieg und Frieden zu sprechen*/Im alten Westen. *Rede in der Reihe »Kulturort Mitte Europa«, Leipzig 1996*/Dankrede zur Verleihung des Literaturpreises der Konrad-Adenauer-Stiftung, Weimar 1999/ Anmerkung/Drucknachweise
392 Seiten. Gebunden
ISBN 3-89561-035-6

Lizenzausgabe:
München: Goldmann (btb, in Vorbereitung)

Burkhard Spinnen
Dicker Mann im Meer
Geschichten
Umschlagzeichnung von Rotraut Susanne Berner. 1997.
[EA: Frankfurt am Main: Frankfurter Verlagsanstalt 1991; aus der Frankfurter Verlagsanstalt übernommen]
Dicker Mann im Meer/Die Zeitmaschine/Der Tiger/Hinter der Front/Der Zwillingsbruder/Ballon über der Landschaft/Die Modellbahn/Die Schändung/ Wahlnacht/Bluthund/Die Schiffstaufe/Entlaßtag
248 Seiten. Gebunden
ISBN 3-89561-033-X

Lizenzausgabe:
München: Goldmann 1999 (= btb 72207)

Burkhard Spinnen
Kalte Ente
Geschichten
Umschlagzeichnung von Walter Moers. 1994.
Samstagnachmittag zu Hause/Der Infant/Der Deichgraf/Der Pfeiler/Montage/Das Ultimatum/Der Hauptgewinn/Der Sprayer/Sechs Richtige/Brautschau/Die Nachricht/Unter der Geburt/Kalte Ente/Die Nötigung
304 Seiten. Gebunden
ISBN 3-89561-030-5

2. Auflage 1994

Lizenzausgaben:
Frankfurt am Main: Fischer Taschenbuch Verlag 1996 (= Fischer Taschenbuch 12971)
München: Goldmann 2002 (= btb 73045)

Burkhard Spinnen
Langer Samstag
Roman. 1995.
304 Seiten. Gebunden
ISBN 3-89561-031-3

2. Auflage 1995

Lizenzausgabe:
München: Goldmann 1997 (= btb 72066)

Burkhard Spinnen
Lego-Steine
Kindheit um 1968
Mit Zeichnungen von Kay Voigtmann. 2004.
Hehn/Brüderlein/Rote Haare/Geschichten/Platt/Bus/Klassen/Schlagball/Lateinlehrer/Liebe/Kommunionuhr/Schwimmbad/Krankheit/Essen/Spiel/Lego-Steine/Modellbaubogen/Schrott/Schlauchboot/Strafe/Hund/Bibliothek/Musik/Höhle/Fußball/Stadtplan/Große Fahrt/Heiligabend/Erlebnis
80 Seiten. Leinen
ISBN 3-89561-039-9

Burkhard Spinnen
Der Reservetorwart
Geschichten. 2004.
Der Reservetorwart/Glatze/Der Witwer/Sturm im Wasserglas/Finale/Die Krankheit/Waise/Training/Der Lebensretter/Ehebruch/Der Fan/Vater/Bankrott/Der Voyeur/Erpresser/Nobelpreisträger/Notlügen/Damenwahl/Ente Orange/Totschläger/Schmerzpatient/Flying Dutchman/Arbeitslos/Attentäter
216 Seiten. Gebunden
ISBN 3-89561-040-2

Burkhard Spinnen
Schriftbilder
Studien zu einer Geschichte emblematischer Kurzprosa
Mit einem Erratazettel
338 Seiten. Kartoniert
ISBN 3-89561-038-0
[Übernahme aus dem Aschendorff Verlag, Münster]

Burkhard Spinnen
Der schwarze Grat
Die Geschichte des Unternehmers Walter Lindenmaier aus Laupheim. 2003.
312 Seiten. Gebunden
ISBN 3-89561-037-2

2. Auflage 2003
3. Auflage 2003
4. Auflage 2004

Lizenzausgabe:
München: Random House 2005 (= btb 72817)

Burkhard Spinnen
Spaghettiträger
Einmalige Auflage von 1000 Exemplaren zum Jahreswechsel 1997/98
24 Seiten. [Nicht im Handel]

Burkhard Spinnen
Trost und Reserve

1996.

Unglück über den Wolken/Aus aller Welt/Meldung/Blinder/Kiosk/Bürgerkrieg/Berühmtheit/Aufzeichnung/Preisfrage/Schnüre/Serientäter/Gründe für ein Massaker/Dorf in den Bergen/Sondereinheit/Trapeznummer/Ein Schritt beiseite/Gestreifte Krawatte/Verkehrskontrolle/Trost und Reserve/Die Geliebten/Plötzliche Unsicherheit/Romantische Ironie/Vater und Söhne/Öffentlicher Nahverkehr/Kartei des Durchschnitts/Verfluchter Ort/Ladendiebstahl/Hobby/Kennerschaften/Bazar/Marotte/Spleen/Annoncen/Mesalliance/Tournee/Herr und Hund/Fachmann für kalte Tiere im Zoo/Grasende Kühe/Silberfische/Ein Pferd im Haus/Die Jacke/Folgen einer minder schweren Verletzung/Neujahrsmorgen/Gutachten/Vollkommen harmloser Schmerz/Schwarze Frau/Silvesterparty/Exposé/Ein Psychologe/Spätfilm/Planspiel/Großeinsatz/Tatort/Kaninchen/Farbenblinder Maler/Maschineschreiben/Die Insel/Das Gängige/Nichts Bestimmtes

168 Seiten. Gebunden

ISBN 3-89561-032-1

Lizenzausgabe:

Frankfurt am Main: Fischer Taschenbuch 1998 (= Fischer Taschenbuch 13737)

Christine Sutherland
Monica

Eine Frau im Widerstand gegen die deutsche Besatzung

Eine Biographie

Aus dem Englischen von Michael Schulte. 1997.

[*Monica*. New York: Farrar, Straus, Giroux: 1990]

Prolog/Irland/Jorgen/Das Haus am See/Karrierefrau/Im Schatten des Krieges/In neutralem Land zu Hause/Leben unter den Nazis/Verhaftung und Prozeß/Gefangene in Deutschland/Der Mondstrahl/Epilog

292 Seiten. Gebunden

ISBN 3-89561-601-X

John Millington Synge
In Wicklow, West Kerry & Connemara

Aus dem Englischen von Gabriele Haefs. 1996.
[Dublin: O'Brien Press 1980. EA: Dublin: Mannsel & Co. 1911]
In Wicklow: Das Elend in den Hügeln/Auf der Landstraße/Die Menschen in den Tälern/Der Garten eines Gutsbesitzers im County Wicklow
In West Kerry
In Connemara: Von Galway nach Gorumna/Zwischen den Buchten von Carraroe/Bei den Arbeitsbeschaffungsmaßnahmen/Der Fährmann von Dinish Island/Die Seetangaschebrennerei/Die Häuser der Erntearbeiter
128 Seiten. Gebunden
ISBN 3-89561-553-6

Michael Tetzlaff
Ostblöckchen

Neues aus der Zone. 2004.
Postgeburtliches Trauma, mütterlicherseits/Exemplexem/Strumpfhosen und Schürze/Als alle mal gegen die Russen waren/Fasching und Faschismus/Mifa/Rolle Drops/Männertag/1. Mai/Feuerwehr/Westbesuch/Die Bitterschwipse/Hitparade/So/Schulen/Dorfhüpfen/Friert der?/Fliegen/Rumkaffee/Urlaube/ZNS/Ein langer Zug/Wurstwelt/Mischkompott/Ninotschka/Arstes Reutsches Dernsehen/Su Botnik/3xW/Aufsatz/Kleinkaliber/KZ/Rauchen, Schweigen, Küssen/Maibaumsetzen!/Seite 23/Steak mit Würzfleisch/Ersatz/Leere/Oma Lisbeth
164 Seiten. Gebunden
ISBN 3-89561-335-5

Lizenzausgabe:
München: Piper (in Vorbereitung)

Karen Usborne
Elizabeth von Arnim
Eine Biographie
Aus dem Englischen von Klaus Modick
Mit Abbildungen. 1994.
[*Elizabeth. The Author of Elizabeth of the German Garden*. London: Bodley Head 1986]
528 Seiten. Gebunden
ISBN 3-89561-600-1

2. Auflage 1994

Lizenzausgaben:
Frankfurt am Main: Fischer Taschenbuch 1996 (= Fischer Taschenbuch 12973)
Frankfurt am Main: Fischer Taschenbuch 2000 (= Fischer Taschenbuch 50306)
Frankfurt am Main: Fischer Taschenbuch 2003 (= Fischer Taschenbuch 15874)

Dominique Valentin
Die Schickse
Roman
Aus dem Französischen von Eva Moldenhauer. 1996.
[Aus dem Manuskript übersetzt]
208 Seiten. Gebunden
ISBN 3-89561-150-6

Lizenzausgaben:
München: Piper 1998 (= Serie Piper 2521)
Frankfurt am Main: Büchergilde Gutenberg 1997
Amsterdam: Van Gennep 1997

Elio Vittorini
Sardinien
Ein Land der Kindheit
Aus dem Italienischen von Sabine Schneider. 1997.
[*Sardegna come un'infanzia*. Mailand: Mondadori 1952]
120 Seiten. Gebunden
ISBN 3-89561-556-0

Alice Vollenweider
Italia!
Unterwegs zu den verborgenen Schönheiten Italiens
Mit einem Vorwort von Luigi Malerba. 1997.
Vorbemerkung/Luigi Malerba, Vorwort/Orta/Die Heiligtümer von Orta/Mailand/Ein Markt ohne Jahreszeiten/Die schönsten Bars Italiens/Die Wasserstraßen von Mailand/Venedig/San Marco im Schneetreiben/Genua/Wo der Tod eine Frau und die Zeit ein Mann ist/Parma/Verdi, Tortelli und Corregio/Unterwegs nach Modena/Stadt der Radfahrer und Feinschmecker/Lucca. Schmale Gassen hinter grünen Wällen/Von der eerlichen Wollust .../Pontremoli und sein Stelenmuseum/Rom/Das römische Ghetto/Aus Rom hinaus/Damit die Welt staunen möge. Der Palazzo Farnese von Caprarola/Die roten Tage von Tropea oder Wie man Tomaten für den Winter einmacht/Quellennachweis
160 Seiten. Gebunden
ISBN 3-89561-561-7

2. Auflage 1999

Von Büchern & Lesern
Umschlagbild von Wolf Erlbruch. 1995.
Von Büchern & Menschen/Michael Schulte, Anfänge/Eva Demski, Patch-Poems/Hans Pleschinski, Die goldenen Achtziger: Meine Lektüren/Jochen Schimmang, buch zeit ort. Erste Folge/Walter Benjamin, Kritik der Verlagsanstalten/Jan

Koneffke, Notmelder/Burkhard Spinnen, Das Buch im Film. Eine angefangene Geschichte/Peter Altenberg, Regeln für meinen Stammtisch/Die »Bestenliste« der Kritiker/Klaus Hensel, Gebet für einen Dichter/Ulrich Weinzierl, Gut gelaunt genießen/Klaus Modick, Kreisquadraturen im Wasserglas/Jennifer Poehler, landschaft fix vergangen/Fritz Rudolf Fries, Uwe Johnson/Michael Winter, Wieland und die Badewanne/Helga M. Novak, Monolog eines Buchhändlers/Lioba Happel, Perdu/Reinhard Kaiser, Die Lupe/Guntram Vesper, Die Krankheit, zu schreiben/Lioba Happel, Die Schneekönigin/Ulrich Holbein, Kritikerdebatte über eine Zitatcollage/Nachweise
160 Seiten. Kartoniert
ISBN 3-89561-901-9

Von Büchern & Menschen
Umschlagbild von Hans Traxler. 1994.
Peter Härtling, Der brennende Antiquar/Alain C. Sulzer, Eine Leserumfrage/Eva Demski, Vom Verschwinden der wahren Verrücktheit/***, Ganz und gar idealischer Lebenslauf eines jüngeren deutschen Dichters/Jennifer Poehler, Gedichte/Reinhard Kaiser, Umständliche Entführung/Wilhelm Genazino, Banale Sätze, intime Geständnisse/Franz Hohler, Das verspeiste Buch (Sechste Fortsetzung)/Klaus Hensel, Aufgabe der Buchhaltung/Guntram Vesper, Eine Begegnung vor langer Zeit/Jan Koneffke, Ein weltfremder Buchhändler/Burkhard Spinnen, An den Rand geschrieben/Jochen Schimmang, Marias Knie/Dorothée Haeseling, Neue Gedichte/Klaus Modick, Japanische Lektüren/Markus Hattstein, Von den Fahrenden und vom Buchmenschen/Thomas Bergmann, Dichter/Michael Winter, Der Vorsitzende/Nachweise
160 Seiten. Kartoniert
ISBN 3-89561-900-0

Von Büchern & Menschen 1995, siehe *Von Büchern & Lesern*

Von Büchern & Menschen
Umschlagbild von Nikolaus Heidelbach. 1996.
Burkhard Spinnen, Germania ex ovo/Jens Sparschuh, Warum schreiben?/Eva Demski, Als das Schreiben noch geholfen hat/Reinhard Kaiser, Königskinder/Hans Bender, Ein Dichter soll sich nicht zeigen/***, Erfolgsautor/Elsemarie Maletzke, Frühstück an einem kalten Morgen/Jochen Schimmang, BUCH ZEIT ORT. Zweite Folge/Hans Pleschinski, Eine kleine Sittenkurve/Michael Schulte, Little Italy in der Bronx/Helga M. Novak, Neue Gedichte/Klaus Modick, »Seemannsgarn«/ Ulrich Holbein, Die Dinge singen hör ich so gern/Martina Mettner, Strandlektüre/ Hans Erich Nossack, Das Alltagsdasein von Büchern/Beat Sterchi, Bücher, nichts weiter. Der Verleger und seine Autorin/Georg Christoph Lichtenberg, Die Bibliogenie oder Die Entstehung der Bücherwelt/Klaus Modick, Lesefieber/Finis, Das Letzte/Nachweise
160 Seiten. Kartoniert
ISBN 3-89561-902-7

Von Büchern & Menschen
Umschlagbild von Axel Scheffler. 1997.
Peter Bichsel, Die Leser/Burkhard Spinnen, Klassische Moderne/Wilhelm Genazino, Achtung Baustelle/Ulrich Holbein, Von (verborgten und geklauten) Büchern und (klauenden und beklauten) Menschen/Michael Schulte, »Es war eine schöne Lesung«/Elsemarie Maletzke, Ein sehr bescheidener Reichtum/Eva Demski, Salomo und die Mädchen/***, Zielscheibe/Hans Pleschinski, Der Teufelsritt/Hans Scherer, Leser und Sammler/Jochen Schimmang, BUCH ZEIT ORT. Dritte Folge/Harold Nicolson, Über die Gesundheit von Schriftstellern/Günter Bruno Fuchs, Kurze Vorlesung/Klaus Modick, Dichter wollte ich nicht werden/Alban Nikolai Herbst, Die Wiepersdorfer Ankunft/Nachweise
160 Seiten. Kartoniert
ISBN 3-89561-903-5

Von Büchern & Menschen

Umschlagbild von René Magritte. 1998.

Eva Demski, Ich und mein Kassandraclub/Brigitte Doppagne, Das erste und einzige Interview des Ronald Frederic Melf/Burkhard Spinnen, Plötzlich und unerwartet/Hartmut Lange, Henriette Vogel/Ulrich Holbein, Drei Verwechslungen/Günter Ohnemus, Die Wiederkehr des Henry Roth/Wilhelm Genazino, Kafkas Lügen/Nadja Einzmann, Wie sie zum Dichten kam/Hans Pleschinski, Die Optiker/Karin Reschke, Hofmanns Abgesang/Reinhard Kaiser, Wolfram, übernehmen Sie!/Elsemarie Maletzke, Hundert Pfund für das copyright/Jochen Schimmang, BUCH ZEIT ORT. Vierte Folge/Andrea Claßen, Lesen lernen/Burkhard Spinnen, Mit rotgelesenen Augen an der Hintertür der Literatur/Klaus Modick, Liegestuhl im Strandkorb, Buch im Schuh/Paul Kornfeld, Die Berliner Kritiker/Eva Demski, Buchgeruch/Ulrich Holbein, Wohin Lese-Abstinenz führen kann/Nachweise

160 Seiten. Kartoniert

ISBN 3-89561-904-3

Von Büchern & Menschen

Umschlagphoto von Eve Arnold. 1999.

Eva Demski, Europa kein Traum/Burkhard Spinnen, Bildnis des Dichters als ideales Objekt der Förderung/Inka Parei, Wangs Tochter/Ror Wolf, Raoul Tranchirers Ratschläge an die Bücherwelt/Reinhard Kaiser, Der Übersetzer und seine Neugier/Brigitte Doppagne, Von blinden Bänden/Günter Ohnemus, Oh, Mr. McCartney/Werner Fuld, Neue Anekdoten/Elsemarie Maletzke, Fanny B./Jennifer Egan, Mit unerträglicher Wucht/Michael Bremmer, Das Kind, das einen Hund verschluckte/Berühmt in Japan/Nur für Mitglieder/Alban Nikolai Herbst, Selzers Singen/Eva Demski, Allerleirauh/Burkhard Spinnen, Windows/Karin Reschke, Matthias Claudius in Emkendorf/Wilfried F. Schoeller, Chauseen, Kreuzwege der Flucht. Peter Huchel in Wilhelmshorst/Ulrich Holbein, Wo und wer ist Goethe heute?/Burkhard Spinnen, Die literarische Lesung/Isabel Bolton, Vor der Lektüre – und danach/Gustav Freytag, Für junge Novellendichter/Nachweise

192 Seiten. Kartoniert

ISBN 3-89561-905-1

Von Büchern
HABE LESE HUNGER
& Menschen
Schöffling & Co.

Von Büchern
& Lesern
Schöffling & Co.

Von Büchern
& Menschen
Schöffling & Co.

Von Büchern
& Menschen
Schöffling & Co.

Von Büchern
& Menschen
Schöffling & Co.

Von Büchern
& Menschen
Schöffling & Co.

Von Büchern
& Menschen
Viel Knoblauch, jeden Tag einen Schoppen Rotwein und nie ein Buch lesen!
Schöffling & Co.

Von Büchern
& Menschen
Schöffling & Co.

Von Büchern
& Menschen
Schöffling & Co.

Von Büchern & Menschen
Umschlagzeichnung von Greser & Lenz. 2000.
Hans Bender, Wir lieben die gleichen Bücher. Aus neuen Notaten/Martin Kessel, Der Weg zu den Büchern/Eva Demski, Geld und Geist/Arne Roß, Punkt/Zusammenhang/Wiederholung/Geschmack/Spielzeug//Die kleine Rosian heißt erst seit heute Ira. Aus den Aufzeichnungen der Helene Holzman. Ausgewählt von Reinhard Kaiser/Burkhard Spinnen, Coco ist an allem schuld. Erinnerung an ein wichtiges Buch/Albrecht Fabri, Physiognomik einer Bibliothek/Wilhelm Genazino, Heimat, vorgespiegelt. Der Ort der Handlung in der Literatur/Ulrich Holbein, Nietzsche und zwei, drei seiner Bewunderer/Burkhard Spinnen, Drücken Sie der Leipziger Buchmesse die Daumen/Alban Nikolai Herbst, Nachruf auf Asmus Hornacek/Jennifer Egan, Brief an Josephine/Nachweise
184 Seiten. Kartoniert
ISBN 3-89561-906-X

Von Büchern & Menschen
Umschlagzeichnung von Volker Kriegel. 2001.
Katja Lange-Müller, »Es gibt nicht Krieg und Frieden«. Klagenfurter Rede zur Literatur 2001/Marcus Ingendaay, »Vom Lesen ist noch kein Buch besser geworden«. Ein Tag im Leben eines Lektors/Juli Zeh, Justitia in Schlaghosen. Zur Frage nach Statik und Dynamik des modernen Rechts/Brigitte Doppagne, Erinnerungsspiele. Die Romanwelt der Catherine Colomb/Burkhard Spinnen, Kunst-Märchen/»Gretchen, kannst Du glauben, daß all dies uns passiert ist?« Briefe an Margarete Holzman nach dem Erscheinen von »Dies Kind soll leben«. Zusammengestellt von Reinhard Kaiser/Eva Demski, Versengeld/Ingo Schulze, Lesen und Schreiben oder »Ist es nicht idiotisch, sieben oder gar acht Monate an einem Roman zu schreiben, wenn man in jedem Buchladen für zwei Dollar einen kaufen kann?« Mark Twain/Ulrich Holbein, Alle Jahre wieder: Nie wieder Buchmesse!/John Updike, Das Ding an sich. Warum ein Leben ohne Bücher kein Leben ist/Burkhard Spinnen, Dichter im Gewächshaus/Franziska Wolffheim, Mit einem Verleger auf dem Ätna/Brigitte Doppagne, El Libro/Nachweise
168 Seiten. Kartoniert
ISBN 3-89561-907-8

Von Büchern & Menschen
Umschlagzeichnung von Nikolaus Heidelbach. 2002.
Juli Zeh, Wie war's bei mir – die erste Buchmesse in Frankfurt am Main/Marcus Ingendaay, Ein Tag im Leben einer Buchhändlerin/Carson McCullers, Leseerlebnisse/Burkhard Spinnen, Der Dichter als Profi. Zur Metamorphose einer Haltung/Eva Demski, Die Dichter und das Radio/Markus Orths, Vom Erzählen/Paul Ingendaay, Hallo, Costa Rica! Von märchenhaften Preisgeldern und knackenden Telefonverbindungen im spanischen Literaturbetrieb/Margit Schreiner, Der Glückwunsch/Wie man Kinder zum Lesen bringt. Zwei Antworten von Burkhard Spinnen/Ulrich Holbein, Der Bücherwahn des Arnulf Blumentrost/Dubravka Ugresić, Agenten und Scouts/Paulus Böhmer, Das Eysel/Juli Zeh, Sag nicht Er zu mir, oder: Vom Verschwinden des Erzählers im Autor/Burkhard Spinnen, Schiffbruch mit Zuschauer/Henry Miller, Heute ist einer dieser unglaublichen New Yorker Tage/Nachweise
160 Seiten. Kartoniert
ISBN 3-89561-908-6

Von Büchern & Menschen
Mit Zeichnungen von Nikolaus Heidelbach
Umschlagzeichnung von Nikolaus Heidelbach. 2003.
160 Seiten. Kartoniert
ISBN 3-89561-909-4
Inka Parei, Pinsel und Schraubenzieher/Burkhard Spinnen, Ausgesprochen kurzer Versuch zu einer Ethik des Umgangs mit dem Material/Andreas Maier, Kümmelchen im Konjunktiv/Burkhard Spinnen, Vertreterkonferenz/Eva Demski, »Ein Baum, ein Felsen, eine Wolke« Wie ich Carson McCullers kennenlernte/Brigitte Doppagne, Trompe-l'œil oder Das gestohlene Buch/Juli Zeh, Welpenschutz für Autoren/Reinhard Kaiser, Die Suche nach Edwin Geist/Rolando Sánchez Mejías, Schriftsteller/Olmos Brief an einen Verleger/Markus Orths, Proffe/Alban Nikolai Herbst, Bericht an eine Lesestiftung/Arthur Phillips, Der Verlag hatte geringe Barreserven/Burkhard Spinnen, Heldengeschichten/Nachweise

Von Büchern & Menschen
Umschlagzeichnung von Nikolaus Heidelbach. 2004.
Franziska Gerstenberg, Die Sprache verschlagen/Markus Orths, Meine Herzensbücher/Brigitte Doppagne, Mein Sekretär/Eva Demski, Neid ist geil/Martin Gülich, Helden/Katja Lange-Müller, Schreiben lernen/Andreas Maier, Der Brummkreisel/Inka Parei, Südlich von Ferch/Franziska Gerstenberg, Fürchten und sehnen/Reinhard Kaiser, »Antworte ja oder nein!«. Der »Taschen-Dolmetscher für Frontsoldaten« kommt zum Einsatz/Burkhard Spinnen, Independence Day. Anmerkungen zur Stimme des Mythos von Bern/Michael Tetzlaff, Seite 23/Margit Schreiner, Von Büchern & Ländern/Juli Zeh, Gezeitenwechsel/Burkhard Spinnen, Wunschdebatte/Markus Orths, Ein Stück Holz/Jana Scheerer, Dass ich ein großes Talent bin, erfuhr ich mit neunzehn auf einer Parkbank/Brigitte Doppagne, Der Geburtstag des Verlegers. Eine wahre Fiktion/ Nachweise
160 Seiten. Kartoniert
ISBN 3-89561-910-8

Edith Wharton
Frankreichfahrt
Von Boulogne nach Lyon
Aus dem Englischen von Karl A. Klewer
Mit einem Essay von Julian Barnes. 1997.
[*A Motor-Flight through France*. London: Picador 1995]
Julian Barnes, Einleitung/Von Boulogne nach Amiens/Beauvais und Rouen/Von Rouen nach Fontainebleau/Loire und Indre/Von Nohant bis Clermont/In der Auvergne/Von Royat nach Bourges/Von Paris nach Poitiers/Von Poitiers in die Pyrenäen/Von den Pyrenäen in die Provence/Von der Rhône zur Seine/Ein Ausflug in den Nordosten
180 Seiten. Gebunden
ISBN 3-89561-558-7

Ror Wolf
Die Gewalt des Gesangs in Nevada
Einmalige Auflage von 1000 Exemplaren für die Freunde des Autors und des Verlags zum Jahreswechsel 1999/2000
16 Seiten. [Nicht im Handel]

Ror Wolf
Leben und Tod des Kornettisten Bix Beiderbecke aus Nord-Amerika
Radio-Reisen. 2000.
Mit CD [Der Ball ist rund/Schwierigkeiten beim Umschalten/Expertengespräche/Heinz – wie ist Deine Ansicht?]
Auf der Suche nach Doktor Q.: 1. Der Chinese am Fenster (1969/1970)/2. Die überzeugenden Vorteile des Abends (1973)/3. Reise in die Luft in 67 Minuten und 15 Sekunden (1974/1975)
Bananen-Heinz (1984). Eine Originalton-Collage/Leben und Tod des Kornettisten Bix Beiderbecke aus Nord-Amerika (1987). Eine Radio-Ballade/Die Durchquerung der Tiefe in dreizehn dunklen Kapiteln (1997). Eine Radio-Reise/Rede zur Verleihung des Hörspielpreises der Kriegsblinden (1988)/Das Blinzeln des magischen Auges. Neun Bemerkungen zum Hörspiel (1989/2000)
288 Seiten. Klappenbroschur
ISBN 3-89561-317-7

Ror Wolf
Raoul Tranchirers vielseitiger großer Ratschläger für alle Fälle der Welt
Beratungen, Hinweise, gesammelte Erkenntnisse und Ansichten für unterschiedliche Gelegenheiten, Früchte der Beobachtung und des Nachdenkens mit brauchbaren Auskünften aus dem Erfahrungsschatz des Verfassers, notwendiges Hilfsmittel zur Ausübung des geselligen Verkehrs, Mitteilungen über Personen, Dinge und ihre Umgebung, Anmerkungen zum Weltverkehr mit einer Beschreibung der Eisenbahn unter Berücksichtigung der Krümmungsverhältnisse, Anweisungen für

Dienstboten und Hausfrauen, unvergeßliche Aussprüche und Anregungen, niedergeschrieben für die heutigen harten Zeiten zur Aufklärung von Mißverständnissen und zur Verdeckung des schlechten Geschmacks, Gedanken zur Hut- und Hosenfrage mit mehr als dreizehn Bemerkungen über die Luft und einer Beurteilung der unhaltbaren Zustände in O, Einführungen in die Verbesserung der Menschenkenntnisse und der geschlechtlichen Übungen zur Förderung der Zufriedenheit aller Beteiligten, samt einer Anleitung zur Ausführung des Bergführerberufs, nebst einleuchtenden Vorstellungen einer auf Tatsachen gegründeten freimütigen Erörterung der allgemein herrschenden Lage und einigen gründlichen Andeutungen über die Macht der Wahrheit und ihrer Benutzung im täglichen Leben, Aufklärungen über die Behandlung des Fleisches, Abhandlungen über das Verhalten zur Vermeidung von Übertreibungen und Betrachtungen zur Auffindung verschwundener Gegenstände, sowie Anhaltspunkte zur Bekämpfung der Erfolglosigkeit mit einer zuverlässigen Darstellung des Wetters und seiner Folgen, Empfehlungen zur Dämpfung der Unlust, Erläuterungen zur Lebensverlängerung, Nachrichten über die Umwälzungen im Weltall, Erörterungen der Straßenzustände zum Gebrauch für Spaziergänger und deren Begleitung, Überblicke über den heutigen Stand der Dinge, Naturwunder und Ländermerkwürdigkeiten, Handbuch für bessere Tage mit Anhaltspunkten für das persönliche Wohlergehen und Beispielen zur Unglücksverhütung, Enttäuschungsvermeidung, Entscheidungsverhinderung, mit einem Verzeichnis verblüffender Schicksalstips, Gesundheitsversuche, Vergnügungsübungen, Zerstreuungsangebote, Zimmerkunststücke, größerer Solo-Scherze und einer Anleitung zum Handeln in alphabetischer Reihenfolge
408 Seiten. Lexikonformat. Gebunden
Mit zahlreichen [teils farbigen] Abbildungen nach Collagen des Autors. 1999.
ISBN 3-89561-315-0

Limitierte Vorzugausgabe in 100 numerierten und handsignierten Exemplaren.
Mit einer Original-Collage des Autors als Beilage.
Ganzleder in bezogenem Schuber.
ISBN 3-89561-316-9

Lizenzausgabe:
Frankfurt am Main: Büchergilde Gutenberg 1999

Franziska Wolffheim
Gardasee
Wo der Süden beginnt. 2000.
Wo der Süden beginnt/Der Größenwahnsinnige von Gardone/Campo und der Kommunist/Limones Kellner sind schweigsam/Paolos Welt auf fünfzig Quadratmetern/Lotte in Malcesine/Cesare handelt mit Illusionen/Auf dem Mönchsberg von San Giorgio/Der Laufsteg von San Vigilio/Gargnano oder das Bett von Mussolini/Landschaftsbilder/Was wäre Sirmione ohne Catull?/Die Seefahrerin von San Benedetto/Silvias Liebe schmeckt dolce –Valeggio sul Mincio/Die Totenschädel von Solferino/Der Krippenbauer von Campi/Das Phantom von Riva/Arco und die Dame mit dem Hündchen/Gottes Öl fließt nur im Winter
128 Seiten. Gebunden
ISBN 3-89561-570-6

Franziska Wolffheim
Sizilien
Portraits einer Insel. 2003.
Gott schuf Sizilien – aber schickte die Sizilianer/Taormina oder der Verführer von gestern/Syrakus und die unheilige Lucia/Notos Stadtführer glaubt an Wunder/Portopalo oder der Marathonläufer Gottes/Der Gast ist heilig: oder die Garnelen vom Capo Passero/Donnafugata oder im Irrgarten der Leoparden/Palermos unerschrockene Wohltäterin: Letizia Battaglia/In der Vucciria: Die Wohnzimmer-Trattoria von Enzo Noto/In den Katakomben: Der Professore kann nicht schlafen/Das verlorene Paradies – Dacia Marainis Bagheria/Maria Grammatico, die heimliche Königin von Erice/Levanzo oder Von einem, der auszieht, die Einsamkeit zu verlernen/Die unversöhnliche Rebellin aus Licata: Lara Cardella/Agrigent oder die Verrückten vom Tal der Tempel/Mit einem Verleger auf den Ätna
144 Seiten. Gebunden
ISBN 3-89561-580-3

Virginia Woolf
Am Mittelmeer
Unterwegs in Italien, Spanien, Griechenland und der Türkei
Zusammengestellt von Julia Bachstein
Aus dem Englischen von Karin Graf. 1995.
128 Seiten. Gebunden
ISBN 3-89561-541-2

Juli Zeh
Adler und Engel
Roman. 2001.
448 Seiten. Gebunden
ISBN 3-89561-054-2

2. Auflage 2001
3. Auflage 2001
4. Auflage 2001

Lizenzausgaben:
München: Goldmann 2003 (= btb 72926)
Frankfurt am Main: Büchergilde Gutenberg 2002
Rheda-Wiedenbrück: Bertelsmann Club 2002
München: Heyne Hörbuch 2002
Barcelona: Editorial Empúries 2002
Amsterdam: Van Gennep 2002
Madrid: Siruela 2002
Zagreb: Durieux 2002
Oslo: Gyldendal Norsk 2003
London: Granta 2003
Toronto: Anansi Press 2003
Stockholm: Norstedts 2003
New York: Granta 2003

Paris: Belfond 2004
Prag: Euromedia Group k. s. Odeon 2004
Jerusalem: Keter 2004
Warschau: Wydawnictwo W. A. B. 2004
Kopenhagen: Samlerens Forlag 2004
Budapest: Athenaeum 2000 Kiado 2004
Helsinki: Tammi (in Vorbereitung)
St.Petersburg: Limbus (in Vorbereitung)
Istanbul: Metis Yayinlari (in Vorbereitung)
Rom: Fazi (in Vorbereitung)
Lissabon: Guimarães (in Vorbereitung)
Tallinn: Steamark (in Vorbereitung)
Tbilissi: Ibis (in Vorbereitung)

Juli Zeh
Spieltrieb
Roman. 2004.
576 Seiten. Gebunden.
ISBN 3-89561-056-9

Lizenzausgaben:
München: Random House (btb, in Vorbereitung)
Frankfurt am Main: Büchergilde Gutenberg 2004

Juli Zeh
Die Stille ist ein Geräusch
Eine Fahrt durch Bosnien. 2002.
264 Seiten. Gebunden
ISBN 3-89561-055-0

2. Auflage 2002

Lizenzausgaben:
München: Goldmann 2003 (= btb 73104)
Krakau: ZNAK 2004
Amsterdam: Van Gennep 2003
Zagreb: Durieux (in Vorbereitung)
Sarajevo: Dani (in Vorbereitung)

Klagenfurt 2003: Publikum (links) und Juror

Dank

»Im Mittelpunkt die Autoren« wäre ohne die großartige und großzügige Zusammenarbeit und Unterstützung von und mit *Fotosatz Reinhard Amann* in Aichstetten und dem *Grafischen Großbetrieb Friedrich Pustet* in Regensburg so, jedenfalls so opulent, nicht möglich gewesen.
Auch in dieser Zusammenarbeit setzt der Verlag auf Kontinuität, herzlicher Dank geht an Reinhard Amann, Wolfgang Dolderer, Karin Evans, Thomas Gerbracht, Heinz Hartmann, Barbara Löchle, Ernst Müller, Sylvia Müller, Reinhold Musch, Tanja Nißl für zehn Jahre Satz, Lithographie, Druck, Kalenderproduktion, Ausstattungen jeder Art, Verständnis für Termingestaltung seitens des Verlags, Schnellschüsse, Gestaltung, Sonderwünsche, Extrawünsche sowie Extrawürste.
Vom ersten Buch an druckt und bindet Pustet die Bücher unserer Autoren, ohne die enge und zugewandte Zusammenarbeit mit Jörg Pustet wäre der Verlag so nicht denkbar.
Dank für Zusammenarbeit und Kontinuität gilt zuerst den Autoren, den Übersetzern, Herausgebern, Illustratoren, Photographen und Korrektoren, den Mitarbeitern (»hochbezahlte Spitzenkräfte«, 2004 sind dies Kathrin Scheel, Elena Lorentzen, Silke Tabbert, Sonja Waldschuk, Sonja Weber, Rainer Vollmar, Anke Grahl) des Verlages, allen Buchhändlern, die sich für die Bücher unserer Autoren einsetzen, den Kritikern, die diese Bücher und unsere Arbeit begleiten, den Vertretern des Verlages, den Mitarbeitern der Auslieferungen Prolit, Mohr Morawa und Balmer, den Kollegen in den Taschenbuchverlagen, bei den Buchgemeinschaften und in den Verlagen im Ausland, Ulla Bayerl und Werner Ost für die Gestaltung der Werbemittel, den Druckereien Eisenhardt in Frankfurt und Kessler in Bobingen, Michael H. Schnitzke und Julia Rott für Beratung, Beleg und Bilanz, Christoph Kluss für jede Art von Rechtsbeistand, Karin Wirth für die immer neue Gestaltung der literarischen Kalender sowie den Kellnern und Köchen der Restaurants *Acapulco* und *Kakadu* auf der Kaiserstraße.

Photonachweise

Paulus Böhmer: Verlag/Isabel Bolton: Verlag/Elizabeth Bowen: Angus McBean/National Portrait Gallery, London/Eva Demski: Isolde Ohlbaum/Brigitte Doppagne: Rainer Dahmen/Jennifer Egan: Marion Ettlinger/Franziska Gerstenberg: Jörg Gläscher/Martin Gülich: privat/Bettina Gundermann: privat/Nikolaus Heidelbach: privat/Klaus Hensel: Verlag/Helene Holzman: Margarete Holzman/Nadine Hostettler: R. Jungi/Reinhard Kaiser: Anita Schiffer-Fuchs/Martin Kessel: Deutsches Literaturarchiv, Marbach/Paul Kornfeld: Deutsches Literaturarchiv, Marbach/Rudolf Lorenzen: L. Haslam/Elsemarie Maletzke: Robert Schuler/Carson McCullers: Verlag/Dieter Meichsner: Elfriede Liebenow/Henry Miller: Verlag/Helga M. Novak: Renate von Mangoldt/Markus Orths:Carolin Goersch/Inka Parei: Isolde Ohlbaum/Arthur Phillips: Peter Turnley/Jens Rehn: Deutsches Literaturarchiv, Marbach/Arne Roß: Isolde Ohlbaum/Peter Sager: Dirk Reinartz/Jana Scheerer: Renate von Mangoldt/Silke Scheuermann: Paul Müller/Margit Schreiner: Isolde Ohlbaum/Ulrich Sonnenberg: Rainer Groothuis/Burkhard Spinnen: Isolde Ohlbaum/Michael Tetzlaff: Georg Kumpfmüller/Ror Wolf: Robert Schuler/Juli Zeh: David Finck/Schlußbild: Isolde Ohlbaum.

Abbildungsnachweise

Seite 28: Plakat A1, Gestaltung: Nina Blumenschein/Seite 43: Plakat A1, Photorechte: Agentur Voller Ernst, Berlin/Seite 52: Plakat A1, Photo: Frank Neumann/Seite 56: Plakat A1, Zeichnung: Nikolaus Heidelbach/Seite 57: Zeichnung von Nikolaus Heidelbach/Seiten 66/67: Plakate A1, Gestaltung: Bayerl & Ost

€6,-